プロ野球激闘史

広岡達朗

GENTOSHA

はじめに

時代が令和に変わって、また昭和が遠くなった。

私は太平洋戦争が始まる前の１９３２（昭和７）年、広島県呉市で生まれた。近くに海軍基地の江田島があり、父は海軍少佐で駆逐艦の機関長だった。５人きょうだいの末っ子で、旧制中学校を卒業したら海軍兵学校に進み、父親のように軍人になると思っていたが、１９４５年の敗戦で時代が変わった。

県立呉三津田高校で本格的に野球を始め、サードを守った。進学校の野球部員はわずかに９人。トンボで内野をならしたらゴロゴロ小石が出てくる校庭で練習し、糸が切れた硬球は太い糸で縫って使った。

山口県と広島県の代表が全国大会の出場権を争う西中国大会では決勝戦で柳井高校に負けたので、甲子園には出ていない。それでも私が早稲田大学に進学することになったのは、柳井高校戦を見ていた同校出身で早大野球部ＯＢの杉田《すぎた》屋守《やまもる》さんが、早大監督の森茂雄さんに「いい内野手がいる」と推薦してくれたからだ。

終戦直後の当時、東京六大学野球は全盛期で、神宮球場は連日満員だった。私はショートを守り、卒業後は水原茂監督の巨人軍に入った。以後、野球一筋で、サラリーマンの経験はない。

私は新人王でプロ野球生活のスタートを切ったが、その後は波瀾万丈の野球人生だった。巨人ではエースの別所毅彦《たけひこ》投手に「このへたくそ！　監督、こんなショートがいたら勝てる試合も勝てんわ」と罵倒され、一塁の川上哲治さんは手を伸ばせる範囲しか私の送球を捕ってくれなかった。

しかし私は、「よし、文句をいわせないプレーをすればいいんだろう」と闘志をかきたてられて守備を磨いた。

引退して野球評論家になってからも、V9時代の川上監督には取材拒否でいじめ抜かれたが、「監督になって川上巨人を追い抜いてやる」と勉強を続け、セ・パ両リーグで計4度優勝して3度日本一になった。

陰湿ないじめも非運も「負けてたまるか」と乗り越えて、88歳になったいまは、厳しく鍛えてくれた巨人軍と先輩たちに感謝の気持ちしかない。

1966（昭和41）年に34歳で引退したあとも、コーチ・監督として指導した後輩たちに多くのことを教わった。選手に教えるということは、選手に学ぶことでもある。

この本では、現役選手として監督として、私が死力を尽くして闘った「昭和の達人たち」の素顔を書いている。

いまの野球は、投げ方も、打ち方も、捕り方も、戦術も、昭和時代とは変わったところが多い。それを監督も選手も評論家も「進化」といっているが、私には6地区30球団にふくれあがった多民族集団・米大リーグの猿まねにしか見えない。

どうか令和の指導者や選手たちは、先人たちの野球人生から、変わることのない「野球の本質」を学んでほしい。

第1章　私を叱り、育ててくれた巨人軍

第2章　達人たちの神業――投手編

第3章　達人たちの神業――野手編

第６章　新時代の達人候補たち

ブックデザイン：秦 浩司
写真提供：共同通信社

第1章

私を叱り、育ててくれた巨人軍

長嶋茂雄

Nagashima Shigeo

私を引退に追い込んだホームスチール事件

私が早稲田大学を卒業して巨人に入団したのは１９５４（昭和29）年だった。あの敗戦から８年余りが過ぎ、新生日本が再建に向かって立ち上がった時代である。

２月には女優マリリン・モンローと元ヤンキースの強打者、ジョー・ディマジオが新婚旅行で来日し、力道山・木村政彦とシャープ兄弟のプロレス興行がテレビ中継されてプロレス人気が始まった年でもある。

一方、野球界はまだ、プロ野球より神宮球場の東京六大学野球にファンが詰めかける時代だった。早大野球部からプロ入りしたのも、５年先輩の蔭山和夫さんが南海（現・福岡ソフトバンクホークス）に、１年先輩の荒川博さんと沼沢康一郎さんが毎日オリオンズ（現・千葉ロッテマリーンズ）に入った程度。私が初めての巨人キャンプに備えて早大の安部球場で自主練習をしていると、現役選手やＯＢから「あいつらが使うとグラウンドが汚れる」と聞こえよがしにいわれたものだ。

それでも私は、１年目からショートのレギュラーになり、打率・３１４、ホームラン15本を打って新人王になった。

そして長嶋茂雄が立教大学から巨人に入団したのが、４年後の１９５８（昭和33）年である。

３年目までは天才だった

東京六大学リーグで当時新記録のホームラン８本を打った〝神宮のスーパースター〟長嶋は、さすがに並みの新人ではなかった。天才的なグラブさばきと軽快なフットワークは、立教時代、砂押《すなおし》邦信監督の地獄ノックに鍛え抜かれた成果だろう。

とくにグラブさばきで素晴らしいのは、どんな打球に対しても直角にグラブを出したことだ。これは守備の基本中の基本である。

守備範囲も広かった。三塁線のゴロやライナーに飛びつくダイビングキャッチはファンを魅了したし、三遊間もよくさばいた。私の前まで飛び出して独特のサイドスローでアウトにすることも多かったので、「広岡さんが捕りにいったゴロを横取りされて、面白くなかったでしょう」という知人もいたが、そんなことはない。

サードは三遊間であれ、ショートの前であれ、自分で捕れると思った打球は積極的に捕りにいくべきで、それはスタンドプレーでもなんでもない。

守備位置の深いショートはサードが捕れない球をカバーする立場だから、ショートより前にいるサードが三遊間やショートの守備範囲まで捕りにいくのは当然で、他のサードも長嶋の積極的プレーを見習うべきだ。

ところが、3年間は天才的なプレーを見せた長嶋も、4、5年たったころからは普通のサードになった。巨人になじんできたそのころから、ときどき「ヒロさん、今日は動けませんからよろしく」というようになったのには驚いた。そんな日は本当に長嶋の動きが悪かったので、私のほうは大忙しだった。

才能任せで終わった守備

長嶋は１９７４（昭和49）年、「わが巨人軍は永久に不滅です」という名セリフを残して38歳で引退した。

現役17年間の通算打撃成績は打率・３０５、ホームラン４４４本、打点１５２２。タイトルは首位打者６度、ホームラン王２度、打点王５度。表彰はペナントレースのＭＶＰ５度、ベストナイン17度。日本シリーズでも４度のＭＶＰを獲っている。

とくに大舞台で活躍する勝負強さは「記録より記憶に残るミスタージャイアンツ」と呼ばれているが、三塁手としては「球が来たら捕ればいいんでしょう」というレベルで終わった選手だった。

つまり、内野手としてはもう一段上の「球が来るまでにどういう準備をしておくか」というところまで行っていなかったということだ。

それでもファンには、打つだけでなく、守備も超一流に見えただろう。だが私にいわせれば、才能だけで終わった選手ということになる。

本当は守備も、もっともっと伸びる選手だった。コーチが本人任せにせず、いろいろと改善すべき点を教え、常に「手を抜くな！」と厳しく指導していたら、内野手としてももっと上のレベルに到達することができたはずだ。

足も肩もバッティングも全部そろっていたし、大学で鍛えられてプロに来て、3年間は非の打ちどころがなかった。才能任せでなく、最後まで自分を厳しく鍛えていたら、打撃の通算成績も、38歳までだった現役生活も、もっと伸びていただろう。

サインをまったく覚えなかった

長嶋は、サインをまったく覚えない選手だった。

私たちが9年間にわたって三遊間を守ったころの巨人は、サインプレーを徹底的に磨いた。走者が出ると一塁と三塁が猛チャージして送りバントを阻止したし、無死や一死で一、二塁なら、ショートが三塁に入り、ストライクでバントさせた球を三塁に送って封殺するプレーも得意としていた。

守備のサインプレーはサードよりショート、ショートよりセカンド、と重要さと難しさが増し、一塁の王が一番大変だった。そんななかで、サードの長嶋はサインをまったく覚えなかった。

先に述べた走者一、二塁で送りバントを三塁で刺すプレーでも、投手がモーションを起こすと私は長嶋に「5番（サード）！」と大声をかけて三塁に向かったものだ。

サードは基本的に飛んできた球を処理すればいいのだから、他のポジションと連携するサインプレーはほとんどない。それでもチームの基本的なサインを覚えようとしなかったのは、いつも打つことだけで頭がいっぱいだったのだろう。

川上監督との密約サイン

サインプレーで忘れられないのは、神宮球場の国鉄（現・東京ヤクルトスワローズ）戦だ。

巨人のショートを守って11年。私は思いがけない悪夢から、一気に引退への坂を転落することになった。

〝事件〟は１９６４（昭和39）年8月6日に起きた。当時3位に低迷していた巨人は、国鉄のエース・金田正一に抑えられて0－2のリードを許したまま七回表の攻撃を迎えた。

反撃に出た巨人は一死三塁のチャンスをつかみ、私が打席に立った。ところが突然、三塁走者の長嶋がホームに突っ込んできてタッチアウト。私はカッと頭に血が上り、次の球を空振り三振してバットを地面にたたきつけ、ロッカールームに駆け込んだ。

私が怒ったのは、「俺のバッティングがそんなに信用できないのか。バカにするな」と思ったからだ。しかし、許せなかったのはそれだけではない。これから追い上げという大事なときにホームスチールをするなら当然サインが出るはずなのに、三塁コーチの牧野からは何も出ていない。私は長嶋のスタンドプレーそれ自体より、川上監督と長嶋の間で2人だけに通じるサインが出ていたことが許せなかった。

屈辱に震えた私は、試合中にユニフォームを脱ぎ棄てて自宅に帰った。当時親しかったガンちゃん（藤田元司《もとし》投手）が心配して、「試合中に帰ったのだから監督に謝ったほうがいいよ。電話だけでも入れたら？」と忠告してくれたが、自分が悪いのではないと思っていたので連絡はしなかった。

この長嶋本盗事件は、川上監督のサインなのか長嶋の独断スチールなのかをめぐって憶測が乱れ飛んだ。私はその後も「あれは川上監督と長嶋の間でサインが出ていたはずだ」と思っていたが、それは間違っていなかった。後年、川上さんの長男・貴光《よしてる》氏が書いた本に「あのときのホームスチールは『広岡が打てそうになかったので、長嶋にホームスチールをさせた』と父から聞いた」とあったからだ。

私のトレード問題に発展

ホームスチール事件について監督からも球団からも私に説明はなく、巨人は3位で1964年のペナントレースを終えた。険悪になっていた私と川上さんの関係は10月末、私のトレード問題に発展する。報知新聞に「広岡については検討中だ。コーチにするか、平《ひら》選手としてやらせるか、トレードに出すか検討中だが、結論は早く出す」という川上監督の談話が載ったのである。

当事者の私には説明も連絡もないまま、巨人が私のトレードを計画していたのは間違いない。スポーツ新聞は毎日のように「広岡トレード」を書きたてた。思いもよらない長嶋のホームスチールが、まだ32歳の私を一気にトレードの渦中に巻き込んだ。

自分の知らないところでエスカレートするトレード話に耐えられなくなった私は、シーズン終了後、正力亨《しょうりきとおる》オーナーに「私は選手として巨人軍で死にたい。よそのチームに行くくらいなら、巨人軍で現役生活を終わりたいのです」としたためた文書を提出した。

〝直訴状〟を読んだオーナーの父親、正力松太郎・読売新聞社主は「君は本当に巨人軍の広岡として死にたいのだな」と私の気持ちを確認したうえで、「これほど巨人軍を愛している男を出すわけにはいかない。残れ」と残留裁定を下した。

プロ野球の創設者で巨人初代オーナーの「鶴の一声」で私の残留が決まったが、川上監督との亀裂は広がり、２年後の１９６６（昭和41）年は11試合に出場しただけでシーズン終了後に引退した。

西武監督の本命は長嶋だった

巨人を追われるように引退した私は翌年春、単身自費でアメリカ大リーグの長期視察に出かけた。

長年、私と川上監督の確執が続いたのは、戦前から４番打者として球界の盟主・巨人を牽引してきた川上さんと、早大で安部磯雄・初代部長、飛田《とびた》穂洲《すいしゅう》・初代監督の早稲田野球を学んできた私の野球に対する理念が対立していたからだ。

メジャー行脚を断行したのは、自分の野球理念が正しかったかどうかを確認するためと、最新の大リーグ野球を学び、将来指導者として川上巨人に追いつき追い越すためだった。

１ドル３６０円の時代、１か月１０００ドルかかった独り旅は、経済的にもさすがにこたえた。現役時代の貯金を下ろして用意した旅費が底をついて、銀行に駆け込んだこともあった。

しかし、4か月にわたる大リーグ研究と、その後の中南米・ヨーロッパ視察で得たさまざまな収穫は、帰国後、野球評論家を経て就任した広島のコーチやヤクルト監督などの指導者人生に、計り知れないほど役に立った。

1978（昭和53）年に監督としてヤクルトを球団初の日本一に導いた私は、2年間の評論家生活をはさんで西武ライオンズから監督の要請を受ける。

私はすぐ西武グループ関係の本を買って、ライオンズと親会社を研究した。その結果、「西武はグループトップの堤義明さんがうるさい人だからチーム環境もきちんとしている」と思ったし、秋山幸二をはじめ若手のいい選手も獲っているので、監督を引き受けることにした。

ヤクルトでセ・リーグ優勝と日本一を手にした私は、「西武でも日本一になって巨人に追いつき追い越す悲願を達成しよう」と燃えていた。

ところが、これはあとでわかったことだが、私は当時、西武の監督候補としては3番手だった。私に声をかけてくれたのは、広島の監督時代に私をコーチに呼んでくれた根本陸夫・管理部長だった。根本さんは私に「西武を優勝させるのはお前しかいない」といったが、実は長嶋が大好きで、真っ先に誘ったものの一発で断られていた。次に声をかけた上田利治には「99・9％やります」と快諾を得ていたのに、なぜか土壇場で断られて私にお鉢が回ってきたのだ。

長嶋との縁は引退後もつながっていたわけだが、あのとき長嶋が西武の監督を引き受けていたら、私はセ・パ両リーグ日本一監督の夢と、巨人に追いつき追い越す生涯の目標を達成できなかったかもしれない。

原は後継監督を育てるべきだった

長嶋といえば、彼が巨人で2度目の監督になったとき、直接会って「君が指揮を執っている間に次の監督を育てるべきだ。年齢からいえば江川の時代だが、原のほうがいいだろう」とアドバイスした。

そのとき長嶋は「ハイ、そうします」と答え、原をヘッドコーチにして帝王学を教え、２００１年秋、長嶋の退任会見で原が後継監督に就任した。

原はこのあと再び監督を務めたが、そのときも私は電話で「次の監督を育てろよ」と伝えた。彼も「わかりました」と約束したが、２０１６年からバトンを引き継いだのは現役引退後即監督となる高橋由伸だった。

二軍監督やコーチなどの指導者経験のない者の監督就任に反対している私は、拙著『巨人への遺言』や『日本野球よ、それは間違っている！』（ともに幻冬舎）で、巨人の監督人事や高橋の監督責任に指摘と助言を書いてきたが、高橋は「何もしない監督」として3年で巨人を去った。2度目の監督時代に後継者を育てなかった原の責任も大きい。

いま、名門・巨人の救世主として3度目の指揮を執っている原は、在任中にりっぱな監督候補を育てることができるか。読売本社からチーム編成の全権を託された原は、豊かな資金をバックに大補強を展開するだけでなく、生え抜き選手と次期監督の育成に努めなければならない。

王 貞治 Oh Sadaharu
世界のホームラン王を育てた2人の師匠

早稲田実業から巨人に入った当初、王貞治は投手だった。

王の投手としての限界と打者としての非凡な素質を見抜いていた水原茂監督は最初から打者転向を決めていたが、本人は「投手をやりたい」とこだわった。

仕方なく宮崎キャンプでは希望通り投手で始めたが、案の定、実戦形式のレギュラーバッティングでボコボコに打たれたので、本人も納得して野手に転向した。

3年間芽が出ない王の再生を託された荒川コーチ

しかし王は3年間、打者としてもなかなか芽が出なかった。

巨人も金の卵をなんとかしてものにしたかったので、私はちょうど毎日オリオンズ（現・千葉ロッテマリーンズ）を退団したばかりで早稲田の1年先輩の荒川博さんのコーチ就任を、「王の育成のためには、早実の先輩で、子どものころから王を見ている荒川さんをコーチとして招聘《しょうへい》すべきだ」と、当時の川上監督に進言した。

川上さんが偉いのは、私の進言を鵜呑みにするのではなく、荒川さんについて徹底的に調べ、指導者としての力を確認してから打撃コーチとして採用したことだ。

荒川さんは東京六大学野球が全盛時代の昭和20年代、巧打の外野手として活躍して毎日に入団した。

毎日ではおもに2番ライトで9年間プレーしたが、入団2年目に早実の後輩・榎本喜八の天性のバッティングに目をつけ、「俺のチームに来い」と毎日にスカウトした。

荒川さんは現役でありながら、毎日つきっきりで榎本を指導し、榎本は１９５５（昭和30）年の新人王になった。

その後も榎本は天才的なバッティングで首位打者を２度、最多安打を４度獲り、「安打製造機」といわれるほどの選手になった。

榎本は荒川さんが引退して巨人のコーチになってからも、最後まで荒川さんの自宅に通って指導を受けた。

余談だが、知人の新聞記者は「荒川家の庭で、引退したはずの榎本が一心不乱にティーバッティングをしているのを見て驚いたことがある」といっている。

川上さんはこうした荒川さんの指導力を評価して、１９６１（昭和36）年オフ、王の専任コーチに採用したのだ。

その荒川さんも、久しぶりに後輩の姿を見て驚いた。

「だって、トスバッティングでも半分はチップしていたし、空振りもあったからね。どうしたんだ、と思ったよ」と当時の王を回想している。

一本足を勧めた心身統一合氣道・藤平会長

東京・台東区今戸のグラウンドで試合をしていた中学2年の王に荒川さんが出会ったのは、１９５４（昭和29）年のオフだった。当時の王は左投げ右打ちだったが、試合の途中で「左で打ってごらん」と勧めたのは荒川さんだ。

その王が、巨人に入って荒川さんも驚くほど苦しんでいたのには理由があった。彼は二本足で打つと、バッティングにもっとも重要な重心の取り方がへただったのだ。打つときに、投球によって重心が左に行ったり右に行ったりする。これでは速い球には詰まり、変化球は迎えにいってとらえきれない。

荒川さんもこの悪癖には困り抜いた。そんなとき、私とともに荒川さんが合気道の指導を受けていた藤平《とうへい》光一会長に相談すると、「人間の重心は二本足も一本足も同じだ。二本足で重心を真ん中に保つことができないなら一本足にしたらいいじゃないか」と一言で片づけられた。

藤平先生は「心身統一合氣道」の創始者で、何事も心と身体が一つになる「心身統一」が必要と説いている。心身統一合氣道は「心が身体を動かす」と説く中村天風理論をもとにしており、

一、臍下《せいか》（へその下）の一点に心をしずめ統一する
二、全身の力を完全に抜く
三、身体の総ての部分の重みを、その最下部におく
四、氣を出す

を四大原則にしている。

「重心は二本足も一本足も同じ」という藤平先生のアドバイスは、この「心身統一合氣道」の原則から導かれたのだ。

流血するほどの練習でダウンスイングをマスター

荒川さんは王に、一本足で立つことから練習させた。重心を臍下の一点に集中させるため、ボールを打つより、まずバットを構えて一本足で立つことを徹底的に王の体に覚え込ませた。

荒川さんとのマンツーマン特訓で、王は右足を上げて構えたまま重心を安定させることを覚え、藁《わら》の束や天井からヒラヒラとつるした新聞の切れ端を真剣で切る練習で真のダウンスイングをマスターした。

荒川さんも私も、専門家に弟子入りして居合抜きの修行をしたが、刀はバッティングの向上に大変効果がある。刀は重く、水で濡らして立てた藁の束は刃を立てて直線的に切り込まなければ切れない。つまり刀が寝ていたり、切り込む軌道が波打っていてはだめなのだ。

荒川家の和室で、踏み込む右足の指が切れて流血するほど素振りを続けて、「重心が真ん中に安定すれば必ず打てる」ことを覚えた王は1962（昭和37）年、初めて一本足で打席に立った。

7月1日、川崎球場の大洋ホエールズ（現・横浜DeNAベイスターズ）戦が始まる前に荒川さんは「ヒロ、今日は見ててくれよ。王が一本足で打つからな」と私にいった。

この試合で1番の王は、第2打席で新人・稲川誠から一本足の第1号（同季10号目）を右翼席にたたき込んだ。王はこの年から毎年ホームラン王を獲り続け、3年目の1964年には55本の日本新記録（当時）を打ち立てた。

飲んで帰っても深夜の素振り

王が偉かったのは、恩師・荒川さんを信じ切ったことだ。王は荒川さんが巨人のコーチに就任してから毎日、試合に行く前に早稲田大学の正門わきにあった荒川さんの自宅に寄ってバットを振った。

若いさかりで酒もめっぽう強かった王は深夜まで飲みまわることも多かったが、どんなに遅くなっても荒川家を訪ねてバットを振った。

荒川さんも、いつ王が訪ねてきてもマンツーマンの特訓に付き合った。

そして荒川さんは、「俺のいう通りにしたらきっと打てるようになる。うまくなりたかったら、これから3年間、酒とタバコと女遊びをやめろ」と宣告した。今の球界に、ここまで言い切れるコーチがいるだろうか。

それだけではない。川上監督は荒川さんを打撃コーチに招聘したとき、「王に○割打たせろ。打点は○○」と注文をつけたらしい。川上さんは王のバッティングにもいろいろ口を出したので、江戸っ子の荒川さんは「打撃コーチは俺だ。俺をさしおいて監督が口を出すとは何事だ」と怒った。

コーチと監督が衝突したらまずいので、私が川上さんに「王のことは荒川さんに任せてほしい」と伝えたが、江戸っ子の荒川さんは、打撃コーチとしての自信と責任感が強かったのだろう。プロの選手に教えるコーチはこうでなければいけない。

荒川さんは生前、語っている。

「約束の３年間に王は３度ホームラン王になった。とくに３年目の（昭和）39年には55本の日本新記録を立てたから、『もう俺んとこには来なくていいよ。お前は10年先まで遊んでいたってズーッと打てるから心配すんな』といったんだ。そしたら王は『これからも、今まで以上にしごいてください』といった。感動したね。

〝よし、こいつとだったら世界記録を作るまで付き合ってやろう〟と思って『ベーブ・ルースの通算世界ホームラン記録７１４本（当時）を追い抜こう』という目標を立てた。この誓いは僕の日記にも書いている」

（『白球の絆　稲門《とうもん》倶楽部の１００年』早稲田大学野球部稲門倶楽部、２０１０年）

キャンプ初日はホテルの大広間で「立つ」だけ

私たちが現役のころ、巨人の宮崎キャンプは大淀川の河畔に建つホテルを宿舎にしていた。全員がそろって夕食をすませると、誰もいなくなった大広間で、王と荒川さんだけの夜の特訓が始まる。

キャンプインの夜、広間の真ん中に一本足で立った王は、バットを構えたまま動かない。その前で、荒川さんがバットの先を王に向けて立ち、内角、外角と投球のコースを示す。王は、怖いほどの形相で微妙に動くバットの先を睨《にら》みつけるだけで、バットを振ることはなかった。

翌日から始まった練習でも、王は数日バッターボックスに入らず、守備とランニングに汗を流した。

ホームランの日本新記録をつくった翌年のキャンプでも、立つことから始める理由を担当記者に聞かれると、王はいった。

「シーズンオフは1年間の疲れをとるために一切、練習をしなかった。だから毎年、キャンプの初めは一本足で立つとフラフラするんだ。打撃練習は、しっかり立てるようになってからだね」

狙いは2ストライクまで真ん中直球

試合で王は、「真ん中直球」だけを待った。1ストライクになると狙いを少しだけ広げ、2ストライクになると自分のストライクゾーンを内外角いっぱいまで広げて、フォークボールなどの変化球にも対応できる体勢をとる。しかしコントロールの悪い投手が、追い込む前に甘いストライクを投げると、王は一発で仕留めた。

王が通算2390の四球を記録しているのは、真ん中直球に的を絞って、2ストライクまではボールや変化球などの難しい球に手を出さないからである。

鋭い目をむき、獲物を待つ鷹のように自分のミートポイントまで球を引きつけられるのも、臍下の一点に重心を集めて右足を絞り上げているからだ。

試合前のフリーバッティングでは、左打ちの王が投手に向かって右側、右打ちの長嶋は左側のバッティングケージで真っ先に打った。このとき、王の打球は大半が右翼スタンドに飛び込んだ。

一方の長嶋も、ほとんどがライナー性で、その多くはオーバーフェンス。打ちやすい直球のフリーバッティングでも打ち損じがある他の選手に比べると、ONはほとんどがバットの芯でとらえたヒット性の打球だった。これだけでも、2人の力（技）がずば抜けていたことがわかる。

真の一本足打法は王だけ

王の成功を見て、片足を高く上げて打つ選手は多い。しかしコーチが「足を上げたら、こう下ろしてからこう振ると飛ぶ」と、コマ写真のように教えるのは間違いだ。一本足打法は、足を上げて反動をつけることが目的ではない。

片方の足を上げて重心を体の中心に保ち、球が来たらバンと打てばいい。しかしこれを一連の動きで実行するのは簡単なことではないし、本当の一本足打法ができるのは王以外にいない。他の選手は片足を上げてはずみをつけているだけで、あんなものは一本足打法ではない。

だから私は、王にもいった。「ソフトバンクの選手に真の一本足打法の意味と、正しい打ち方を教えるべきだ」と。

本塁打を打った投手、カウント、球種、コースをすべて記憶

早実から巨人に入団した王は、３番打者として40歳まで通算22年間で首位打者５度、本塁打王は13年連続を含めて計15度で、２度三冠王になっている。生涯８６８本のホームランは日米を含めた世界記録である。

野球界で功成り名遂げた王に悔いがあるとすれば、「大学に行っておけばよかった」ということではないか。

子どもの頃から算盤《そろばん》と暗算が得意だったし、プロに入ってからも記憶力は抜群だった。当時の担当記者は「ホームランの日本記録のあと、単独インタビューで55本の球筋を聞いたら、投手とカウントと球種とコースをすべて答えた。もちろん全打球を一覧表にして新聞に載せましたよ」と驚いていた。

当時の早実は現在のように早大の系属校ではなかったので、無試験の優先入学制度はなかったが、王が早大を受験していたら一般入試でもりっぱに合格していただろう。

王の後輩でもある早実の清宮幸太郎が２０１７年末、日本ハムに入団したとき、私は著書で「清宮はプロの前に大学に行くべきだった」と書いた。

> せっかく早稲田大学の系属校にいて大学進学ができるのだから、４年間みっちり野球の基礎を練習してからプロに行ったらいいと思ったのだ。たしかに、野球の練習ならプロのほうができる。しかし、一日中野球漬けで結果だけを追い求めるプロ生活と違って、授業で学び、一般学生との交流ができる学生生活には、プロの世界では味わえないメリットがある。
> （中略）そういう勝負の世界で生き抜くためにも、大学で野球以外の常識と人間力を身につけたほうがいい。そして将来、現役を終えて指導者になったときも、大学生活で学んだことはきっと役に立つはずだ。
>
> （『日本野球よ、それは間違っている！』幻冬舎、２０１８年）

王も現役を引退後、監督やソフトバンク球団会長などの管理職を歴任するなかで、大学生活の意義を痛感したはずである。

その王が２０１１（平成23）年、早大の「特別推薦校友・スポーツ功労者」に選ばれた。「系属校・早実の卒業生としてスポーツ界で多大な功績を残した」というのが理由だが、これを受けて早大野球部ＯＢ会の「稲門倶楽部」も翌年３月の定時総会で、王を特別会員として承認した。

１９０１（明治34）年に創設された早大野球部は、卒業まで野球部に在籍した部員に限り卒業後、稲門倶楽部への入会を認めているが、大学に在籍したことのない人物が特別会員になるのは異例のことだ。

このときＯＢの一部から、「巨人ＯＢの桑田真澄も引退後、早大大学院を卒業している」という声もあったが、稲門倶楽部総会の議題にはならなかった。王の人柄と並外れた実績が、伝統校野球部の重い扉を開かせたのだ。

川上哲治
Kawakami Tetsuharu
現役時代からの確執と感謝

私が巨人に入団したのは１９５４（昭和29）年だった。終戦間もない当時はプロ野球より学生野球、つまり神宮球場の東京六大学のほうが人気だった。私は早稲田のショートを守り、サードの小森光生《こうせい》とともに「広岡、小森の三遊間」と呼ばれていた。

プロ野球も復活したばかりだったが、高卒選手の多い巨人で大卒の私に対する視線は厳しかった。たとえば６－４－３の併殺練習のとき、セカンドの名手・千葉茂さんは二塁ベースに入って左足を上げ、構えたグラブに投げなければ捕ってくれなかった。

一塁の川上さんも、ミットをグルッと回した円のなか以外は捕ってくれない。ジャンプもしないし、足を伸ばしてそれた球を捕ることもしない。私の送球が少しでもそれれば、記録はみんな私のエラーになった。

川上さんのおかげで正確な送球を磨けた

だが、いま考えると、こうした先輩たちの厳しさが新人の私を鍛えてくれた。最初はプロのいじめとしか思えなかったが、千葉さんや川上さんのおかげで捕りやすい送球を心がけ、ショートは捕球するだけでなく、相手が捕りやすい球を投げなければいけないという当たり前の基本を再認識した。

その結果、肩に自信があった私は、正確な送球も身につけることができたのだ。

プロで生き抜く術を教えてくれた先輩たち

時代はくだって、近年のスポーツ界は暴力とパワハラ問題で揺れている。２０１８年、レスリング界のいじめに始まった問題は、アメリカンフットボール、ボクシング、体操……と燎原《りょうげん》の火のように広がった。

２０１７年10月に横綱・日馬《はるま》富士《ふじ》が貴ノ岩に暴行して引退に追い込まれた大相撲で

は、その後も暴力問題が続き、2018年冬には、被害者だった貴ノ岩が付け人を殴って引退している。

こうした暴力・パワハラ問題は、スポーツ界のしつけや指導に微妙な影を落としている。私は新たな問題が起こるたびにテレビのワイドショーが面白おかしく取り上げる風潮には賛同できない。厳しいしつけや指導がすべて「暴力・パワハラ」の一言で片づけられるなら、スポーツ界の指導は成り立たないのではないかと危惧している。

私が巨人の新人時代に先輩たちから受けた仕打ちも、いまならアウトのパワハラだろう。

しかし私は、先輩たちのいじめにも似た行為も「負けてたまるか。いまに見ていろ」と耐え抜いて野球人生を全うした。そうでなければプロ野球の世界で生き抜くことができないのは、昔も今も同じである。

だから私は、プロの厳しさを教えてくれた巨人の先輩たちにいまなお感謝している。

確執は西京極球場で始まった

プロ野球界では、川上監督と私が「犬猿の仲」ということになっている。確執の発端は、１９５４（昭和29）年４月27日の西京極球場だった。

忘れもしない、入団直後の大洋松竹（現・横浜ＤｅＮＡベイスターズ）戦だ。

新人の私は０－４で敗色濃厚の七回表、ショート・平井三郎さんの代打でソロホームランを放って追撃の口火を切った。巨人はその後、同点に追いつき、九回には４点を加えた。ところがその裏、二死から私の２つの悪送球などで１点を失い、なお満塁としたところで３番の青田昇さんに左中間に逆転満塁ホームランを許してしまった。

たしかに私の悪送球がなければ楽勝だったが、私にいわせれば一塁・川上さんが捕れない送球ではなかった。

私には悪送球の自覚はないので、バスに向かう途中で新聞記者に囲まれると「あんな球を捕ってもらえないと野球なんかできませんよ！」と、思わず本音が出てしまった。

最後にバスに乗り込んだときの、凍りついたような車内の空気はいまも忘れられない。しかも悪いことに、翌日の新聞が私のコメントとともに「新人・広岡が痛恨の悪送球で巨人が逆転サヨナラ負け！」と書きたてたものだから最悪だ。

この試合をきっかけに川上さんと私の仲は冷え切り、前述の通り１９６４年８月の「長嶋ホームスチール事件」で爆発したのである。

引退後も巨人ベロビーチキャンプで取材拒否

私と川上さんの対立は、突き詰めれば「野球に対する理念の違い」というほかない。だが確執は、私の引退後も続いた。

先に書いたように、13年間の現役生活に幕を引いた私は翌１９６７（昭和42）年２月、米大リーグで本場の野球を勉強する旅に出た。アリゾナ州フェニックスのサンフランシスコ・ジャイアンツのキャンプ地を経て、ロサンゼルス・ドジャースのキャンプ地・フロリダ州ベロビーチに着いた私は、思いがけない衝撃を受ける。

事前にドジャースから取材許可を得て、ベロビーチキャンプを行っていた巨人ナインと同じドジャータウンの選手宿舎に泊まれるはずだったのに、「巨人の反対」により同宿を断られたのだ。

仕方なくダウンタウンのホテルからキャンプ取材に通ったが、許せなかったのはある日、巨人のチームプレーを見にいくと、突然練習が中止されたことだ。あとで選手に聞いたところ、「あいつ（広岡）に見せたらチームプレーが筒抜けになるからやめよう」ということになったという。

私は前年まで一緒にプレーしたチームの仕打ちに怒りを抑え切れなかった。そして「よし。絶対監督になって川上巨人に追いつき追い越すチームをつくるぞ」と決意を固めたのはこのときだった。

「俺はベンチにいる」

巨人ベロビーチキャンプでの怒りと悲しみは生涯忘れられないが、私に対する巨人の信じがたい仕打ちは川上さんの指示ではなく、側近コーチの進言だと思っている。たしかに川上さんは毀《き》誉《よ》褒《ほう》貶《へん》のある人だが、勝負師・指導者としては優れた先輩だった。

私が新人のころ、試合前の打撃練習は川上さんから始まった。川上さんは自分が納得のいくまで打ち続けたので、最後に打つ私の練習時間がなくなることもあったが、これは4番打者としての責任を果たすためだった。

杉下茂さんの項で述べるように、川上さんがスランプになったとき、多摩川球場でボールが止まって見えるまで打ちまくったのも、名門・巨人の看板を背負う責任からだろう。

川上さんといえば、真夏の遠征のとき、宿舎での夕食でこんなことがあった。

暑い日で、上座中央の川上さんが仲居さんに「ビールを1本頼みます」と声をかけた。それを見た若手選手の一人が「お姉さん、俺にもビール」といったところ、川上さんはギロリと注文した選手を睨んだ。若手はあまりの怖さに小さな声で「お姉さん、ビールはいらない」とキャンセルした。

川上さんはそのとき一言も声を出さなかったが、「お前なんかがビールを飲むのはまだ早い」ということを、無言のひと睨みで教えたのだ。

いまどきこんなことをしたらすぐ「パワハラだ」といわれるだろうが、これが巨人の教育と4番の貫禄というものだ。


川上さんは現役のとき、日本シリーズで「俺が打てないために巨人が勝てないのだったら、俺はベンチにいる」といい出したことがある。

巨人が3年連続で西鉄ライオンズ（現・埼玉西武ライオンズ）に敗れた日本シリーズで、3連勝4連敗した1958年のことだ。

川上さんはその1年目こそ4番として打率・391を残したが、2年目は・278、3年目の1958年は初めて打順が6番に下がった。

川上さんは、4番としてチームを率いることができない責任を痛感したのだろう。

驚いた巨人ナインは「川上さんがいなかったら示しがつかない。そんなことといわないでくれ」と説得し、川上さんは最後まで一塁を守ったが、打率・292を残して日本シリーズ終了後に引退した。38歳だった。

川上野球で貫いた勝利への執念

私が川上さんの優れたところを理解できるようになったのは、ヤクルトや西武で監督を経験してからだった。

川上さんがなによりすごいのは、勝つことに対する執念である。「絶対に勝つ」という気持ちが誰よりも強く、そのためにはあらゆる努力を惜しまなかった。

現役時代は「打つためにはどうするか」を徹底的に研究し、監督になってからは「勝つためにはどうすればよいか」に執念を燃やした。あの勝利に対する執念と集中力は、指導者として勉強になった。

川上さんは、こうやって勝ちにいき、こうやって自分の地位を守り、これまでに助けてくれた人間でも、将来敵になりそうならよそへ出す、という生き方があることを教えてくれた。周りがどう思おうと「川上の野球」を貫いたのは偉い。

だが、川上野球のすべてをまねしたわけではない。ヤクルトでは、万年Bクラスで巨人に対するコンプレックスの塊だったチームを強くするにはどうしたらよいかを考えた。そして松園尚己《ひさみ》オーナーから「縁あってドラフトでうちに来た選手を育ててくれ」といわれ、ドラフトで入団した選手を一生懸命育てた。

西武の監督になったときは、川上さんに勝つためにはどうしたらよいか、巨人軍を倒すためにはどうしたらよいかを自分なりに考えた。選手が高齢化するなかで、なんとかチーム力を維持するために自然食を中心とした選手の健康管理を行ったのもその一つだった。

私は川上さんと出会わなかったら、セ・パ両リーグで日本一の監督になることはできなかっただろう。いまでも川上さんには感謝している。

千葉 茂 Chiba Shigeru

基本を大切にしたバントの名手

私が巨人の新人ショートだったころ、セカンドは名二塁手として人気があった千葉茂さんだった。甲子園大会の常連校だった松山商業から１９３８（昭和13）年の入団だから、私より16年、年齢では13年先輩である。

6―4―3の併殺練習では、「俺は左足を上げて待ってるから、グラブに向かって放れ」といって二塁ベースに入った。足を上げている相手に投げるのだから、送球が少しでも左右にそれたら捕ってもらえない。新人の私は、いつも緊張して千葉さんの胸に向かって投げたものだ。いまなら後輩いじめのパワハラといわれかねない練習だが、おかげで私は正確な送球を身につけることができた。

だが千葉さんも、試合では私の送球がそれても飛びついてくれた。ゴロを捕って送球するときは相手を見ないで投げることも多く、守備範囲も広かったので、華麗なプレーが人気を集めたが、ゴロは片ヒザをついてしっかり捕った。

いまは回り込んで捕れるゴロでも逆シングルで捕ったり、バックトスをする選手が多いが、しっかりヒザをついて捕る内野手がいるだろうか。人工芝などなく、いつイレギュラーバウンドするかわからない時代だったとはいえ、基本に忠実な千葉さんのプレーはいつの時代でも見習うべきお手本だった。

走者の上に倒れ込む裏技

身長167センチ、体重64キロの千葉さんには密かな得意技があった。一塁走者が盗塁でスライディングしてきたら、タッチしたあと相手の上に倒れ込んでしばらく動かないことだ。捕手からの送球がそれて走者が三塁に行こうとしても、これでは走ることができない。

私なら恥ずかしくてそんなことはできないが、戦前からプロの飯を食べているベテランならではの裏技だった。

千葉さんは左足を軽く上げ、バットを寝かせて構える一本足打法で、「猛牛」のニックネームで人気があった。徹底したライトヒッターで、通算96本塁打のうち81本がライト方面だったという記録もある。

１番か２番だったので、右狙いでチャンスメイクを狙ったのだろうが、千葉さんはバットを寝かせて左肩を開かないまま、ひたすらライトを狙った。選球眼も抜群で、１９５０（昭和25）年に１２１試合で当時日本記録の１０５四球を選んでいる。左肩が開かないので、外角のボールがよく見えたのだろう。

バントの極意は芯をはずして「打て」

千葉さんといえば、絶妙なバントを忘れることができない。戦後２番に定着した千葉さんは、１番が出塁すると送りバントで二塁に進め、川上さんが４番に座るクリンナップに繋ぐ役目だった。

1952年にはリーグトップの24犠打を記録し、15年間通算では151。戦前〜終戦直後は試合数が少なかったことを考えると、かなりの成功率といえる。

だが、ライト打ちのバッティングに自信のある千葉さんは、水原茂監督のバントのサインに「またバントのサインを出しやがって、ジジイ」とぼやいて、わざとファウルにすることもあった。

ところが水原さんもそんなことはお見通しで、知らん顔で三塁のコーチズボックスから「スリーバント」のブロックサインを送る。こうなっては仕方がないので、千葉さんもきっちりスリーバントを決めたものだ。

千葉さんは新人の私にもバントの極意を教えてくれた。

「バントはな、バットの芯で球を殺したらダメ。芯をはずして、打て。芯でバントなんかできるかい」

つまり、バットの芯をボールに当ててからバットを引いて打球を弱めるより、芯と先端の間の反発の少ないところで「打て（押せ）」というのだ。バットの芯さえはずせば、引いて転がす必要はないというわけだ。

いまの野球は、バントの構えをするとサードとファーストが一気にチャージしてくる。打者は難しいライン寄りを狙ってバントせざるを得ないので、ファウルになってカウントを悪くする。そんなときは千葉さんがいうように、バットの芯をはずして転がせば、ピッチャー前でも成功する。バットは引かなくても、押せばいいのだ。

もっとも、バットの芯をはずすのは難しいので、日ごろからしっかりバントの練習をしておかなければ成功しない。

千葉さんはバントだけでなく、強打の二塁手でもあった。通算15年間の成績は打率・２８４、本塁打96、出塁率は長嶋の・３７９を上回る・３８４。

ちなみに私は、本塁打１１７を除いては千葉さんの記録に及ばなかった。

千葉さんは１９５６（昭和31）年を最後に37歳で引退。３年後の59年から３年間、近鉄の監督を務めたが、すべて最下位に終わった。

千葉さんが近鉄監督で失敗した理由

千葉さんが監督として成功できなかったのは、指揮官としての能力がなかったのではなく、巨人軍出身選手の宿命といっていい。現役時代、命懸けでレギュラーを手にしただけに、自分が会得した技術を他人に教えないという共通の体質があるのだ。引退して指導者になったとき、いい選手を集めたチームなら成果が出るが、近鉄のような弱いチームの指揮官になったら強くできない。

当時の近鉄は万年Bクラスで、千葉さんが監督に就任する前年までは2年連続最下位だった。新監督の千葉さんもコーチや選手に教えないものだから成績が上がらず、試合中に風呂に入るようなノイローゼになった。

一方で千葉さんの悲劇には、巨人時代のチームリーダー・川上哲治さんが、将来自分のライバルになるような人材を追い出したという背景もある。外野手の与《よ》那嶺《なみね》要《かなめ》さんもあれだけ活躍し、貢献したのに放出された。それでも巨人は強かった。

カツカレーの生みの親

千葉さんはユニフォームを脱いだあと、野球評論家として雑誌やスポーツ紙に記事を書いた。毎日、後楽園球場に通い、試合前は一塁側ベンチに座って練習を見守った。目を細めた表情には現役時代のニックネーム「猛牛」の面影はなく、解説記事の取材に来ている評論家というより、縁側で孫の遊びを見守る好々爺《こうこうや》のようだった。千葉さんは古巣・巨人と後輩たちが大好きで、心配で仕方がなかったのだろう。

そんなときの千葉さんはいつもラフな服装で、靴のかかとを踏みつぶしてスリッパをはいているようだった。新聞記者から聞いた話だが、桑田真澄は新人のころ、ベンチに寄りかかっている千葉さんを見て「誰や、あのオッサン」といったそうだ。ルーキー投手には、ベテランの新聞記者にでも見えたのだろうか。

野球を愛し、巨人を愛した千葉さんは２００２（平成14）年、83歳で永眠した。

余談だが、銀座四丁目の交差点に近い洋食屋・銀座スイスに「千葉さんのカツレツカレー」というメニューがある。店内に置かれているパンフレットによると、終戦直後、毎日のように立ち寄った常連の千葉さんが、カレーの上にカツレツをのせて「これはうまいぞ」と目を細めているのを見たオーナーが新メニューに加えたそうだ。

平井三郎
Hirai Saburo

ライバルの私にプロの極意を教えてくれた、忘れがたい先輩

1954（昭和29）年、早大から巨人に入った私は、守備では誰にも負けない自信があった。初めて参加した兵庫県明石市のキャンプは雪の中で行われた。練習が寒くてつらかったが、内野の深い位置からホップするように伸びる私の送球には、一塁の川上哲治さんも驚いたはずだ。

私は高校時代から強肩だった。早大の新人時代も、一塁にわざと低い球を投げ、主砲で一塁の石井藤吉郎さんが伸びる送球にあわてて捕りそこなうのを楽しんでいた。

しかし私は、生まれつきの鉄砲肩ではなかった。私の肩が強かったのは、小学校のときから地元・江田島の海軍兵学校に入学するため、器械体操などで体を鍛えていたからだ。

海軍の将校（士官）養成学校である海軍兵学校は旧制中学校の卒業後に受験できるが、学科試験の前に運動機能試験でふるいにかけられる。だから海兵受験をめざす子どもたちは小学校から鉄棒などで基礎体力を鍛えていたので、腹筋や背筋も強くなった。

また戦前は、三角ベースの野球やドッジボールのようにボールで投げ合う遊びを軟式の庭球でやった。

テニスボールは軟らかいから、強く握って横から投げたらペチャンコになっていい球にならないが、上から投げればスピンがかかって伸びていく。軟らかい球の握り方やリリースの加減も自然に覚える。いい球を投げるにはどこでどれくらい力を入れたらいいか、みんなテニスボールが教えてくれた。

ところが、中学2年で終戦を迎えた。父のあとをめざして海軍に行く夢は消えたが、戦後、新制の呉三津田高校で硬球を使うようになったとき、小学校時代からの器械体操と軟式テニスボールのおかげで伸びのあるいい球を投げることができた。

私は少年時代の体力強化が野球にも役に立つことを知っているので、母校・早大野球部の歴代監督にも「基礎体力をつけるために鉄棒や幅跳びなどを練習に取り入れたらどうか」と勧めているが、なかなか理解してもらえない。

小森光生と早大の三遊間を組んでいた神宮球場時代は絶対の自信を持っていた私も、プロ入り後の４年間は苦労した。

強肩に任せて力いっぱい速い球を投げていたからコントロールが定まらず、私の球はあっちに行ったりこっちに行ったりした。

そんなとき、ジャンプしたり体を伸ばして捕ってくれるのがファーストなのに、打つことしか頭にない川上さんは、前述のように右手のミットをグルッと回した円のなかしか捕ってくれなかったから、記録は全部ショートの送球エラーになる。

これに怒ったのは先輩投手たちだった。せっかく内野ゴロでアウトにできた打者を生かすのだから無理もない。エースの別所毅彦さんなどはベンチに帰ると、私の目の前で水原監督に「水さん、あんなショートじゃいくら頑張って投げても勝てんよ！」と大声を上げた。

川上さんが捕れる球を投げればいい

いまならりっぱなパワハラかいじめだろうが、終戦後のあの時代、プロ野球界も気が立っていた。

私の送球が少しでもそれると捕ってくれないことをぼやいているとき、「ヒロ、川さんがお前の球が捕れないなら、川さんが捕れる球を投げればいいじゃないか」と諭《さと》してくれたのが同じショートの先輩・平井三郎さんだった。

当時の私は、どんなゴロでも捕ったら力いっぱい投げていた。だが平井さんは、緩い球でもコントロールがよければアウトにできるし、速い球でも悪送球ではアウトにできないという、当たり前のことを教えてくれたわけだ。

そして「負けるな、ヒロ。あいつらの上を行けば、文句をいわれる立場じゃなくなるからな」と励ましてくれた。平井さんは私が入団したためにショートのレギュラーを追われた人だ。ありがたかったし、偉い人だった。

プロの壁に苦しんだのは守備だけではなかった。神宮球場の大学野球とは比べものにならない重くて速い球にも苦しんだ。よほどバットの芯でしっかり打たなければ、ヒットにならないばかりか内野の頭も越えなかった。

そんなとき、遠征先の部屋で「どうしたら打てるようになれますか？」と聞くと、平井さんは「投手がボールを持っている間は向こうに主導権がある。しかし『投げたら俺のもんだ』という気持ちでバッティングをせい」と、座布団をホームプレートに見立てて教えてくれた。

つまり、「バッターボックスに入ったらいつでも打てる体勢で待ち、投手の動きに合わせてタイミングをとるな。そしてボールが投手の手を離れたら『俺のもんだ』と思って自分のタイミングで打て」ということだ。

大学の先輩・南村侑広さんに聞いたシュート打ちの極意

私は入団１年目に打率・３１４、本塁打15で新人王になったが、このタイトルが獲れたのも、平井さんの教えと、大学の先輩でもある南村侑広《ゆうこう》さんからインコースの打ち方を習ったからだ。

シュート打ちの名人だった南村さんに「インコースのシュートを打つにはどうすればいいんですか？」と聞くと、「体を開くな。インサイドにヤマを張って力いっぱい振り切ったら必ずファウルになる。インコースに来た球は左肩を開かず、センターを中心に打つつもりで腕を縮めてヒュッと体を回せばサードの頭を越える」と教えてくれた。

平井さんの「いつでも打てる体勢で待て」と南村さんの「内角は体を開くな」という〝プロの極意〟を実行するのは大変つらかったが、おかげで新人王のタイトルを獲り、13年間、巨人のショートを守り続けることができた。

私が入るまでショートを守っていた平井さんは、巨人の生え抜きではない。徳島商業〜明治大学から社会人チームを経て阪急ブレーブス（現・オリックス・バファローズ）に入団し、セ・パ両リーグに分裂した１９５０年に新設された西日本パイレーツに移籍。巨人に移った51年から3年間、ショートのレギュラーとして千葉さんと二遊間を守った。

平井さんは派手さはないが堅実な守備だった。巨人入りしてから3年連続ベストナインに選ばれて、チームの3年連続日本一に貢献した。バッティングもいい内野手で、巨人入り3年目の１９５３年には1番で打率・２９１を記録して打撃成績の10位に入った。

私が巨人に入ったのは翌54年だから、プロ生活7年目を迎えた平井さんにとって私は後継者候補のライバルだったが、「プロの技」を快く教えてくれたのはありがたかった。

私の入団で次第に出場機会が減った平井さんは、56年に二塁手に回り57年に引退。その後、近鉄や阪神のコーチを務めて69年、45歳で病没した。持病の心臓弁膜症だった。

私の野球人生のなかで、忘れられない先輩である。

第2章

達人たちの神業——投手編

杉下 茂 Sugishita Shigeru

絶対ストライクゾーンに投げなかった「元祖フォークボール」

野球界はいま、フォークボール全盛時代である。

アメリカ大リーグでは、人差し指と中指を開いてボールを挟んで投げる「フォークボール」を「スプリット」と呼んでいるが、厳密にいえば、スプリットは「スプリットフィンガー・ファストボール」で、2本の指の開きがフォークよりやや狭い。その分だけスピードが速いのが特徴で、落ち方も本来のフォークより小さいことが多い。

アメリカではいま、広義のフォークボールも狭義のスプリットもすべて「スプリット」と呼んでいるが、ここでは原則として「フォークボール」として話を進める。

日本でも、フォークボールはプロ野球だけでなく、大学・高校野球でもほとんどの投手が投げている。いや、小中学生の軟式野球でも、遊び半分でボールを指で挟む投手は少なくない。

日本の野球界で「元祖フォークボール」といえば、中日ドラゴンズのエースだった杉下茂投手である。

杉下さんは1925（大正14）年に東京・神田で生まれた。94歳で、私より7歳年上の球界最長老だ。

旧制帝京商業学校（現・帝京大学高校）の出身で、先の大戦中は中国に出征。戦後、ノンプロのいすゞ自動車を経て明治大学専門部から1949（昭和24）年、中日ドラゴンズに入団した。

杉下さんは入団1年目の8勝に続いて、2年目から6年連続で20勝以上を挙げている。

1954（昭和29）年には32勝をマークして中日を初優勝に導き、最多勝と最優秀防御率、最多奪三振、最多完封など、プロ野球史上4人目、2リーグ制になってからは初の投手部門5冠王に輝いた。

この年は日本シリーズでも7試合中4試合で完投して3勝1敗、球団初の日本一に貢献してシリーズMVPになっている。

打者の「打ち気」を読むのがうまかった

杉下さんがいきなり中日のエースになったのは、帝京商業野球部時代の監督・天知俊一さんから明大時代に習ったフォークボールのおかげだった。

杉下さんはその後、現役生活11年で通算215勝123敗の成績を残した。

私も巨人に入団してから5年間、杉下さんと対戦した。なかでも私が新人王を獲得した1954年は、杉下さんが32勝を挙げて投手部門のタイトルを総なめにした絶好調のシーズンだった。

しかし私も、当時は２ケタホームランを続けて元気いっぱいの時期だったので、杉下さんがそれほどすごい投手には見えなかった。それでもコントロールがよかったし、スピードはあまりなかったものの、フォークは真ん中からストンと落ちた。

それに、相手打者が「打ち気だな」「打ち気じゃないな」と見分ける目があった。打者が「よーし、打ってやろう！」と打ち気満々で向かってくるとかわし、打ち気がないとわかったらスイッと真ん中に直球を投げてきた。

だから私は、いかにも打ち気がないようなふりをしてホームランを打ったこともある。

打撃の神様・川上さんもキリキリ舞い

杉下さんのフォークには、巨人の４番・川上哲治さんも苦労していた。

たとえば杉下さんが入団した１９４９年の川上さんは打率・３３０だったが、杉下さんが27勝をマークした６年連続20勝以上の最初の年、１９５０年は打率が・３１３に落ちている。この年は、川上さんが一時どん底の不振に苦しんだシーズンだった。

悩んだ末に、川上さんは若い投手を数人連れて多摩川の河川敷にあった巨人のグラウンドに通った。

無心で打ち続けているうちに、ある日、球が止まって見えたという。

１時間半ほど打ち続けると、「うまく打とう。いい当たりを飛ばそう」という色気がなくなり、疲れて「来た球を打てばいい」という無に近い気持ちになる。そこから、余分な力が抜けて理想的なバッティングができるようになる。特打、特守は色気（雑念）を抜くためにあるのだ。

このあと、川上さんは目の前の霧が晴れたように打ち始めた。その年の打率は・３１３どまりだったが、スランプから脱出した翌51年は打率・３７７で首位打者に返り咲いている。

私も川上さんが会得した〝打撃の極意〟を教えてもらったことがある。

「カーブはこういうタイミングで後ろ足にウェイトを乗せたら打てる。ただ打ちにいったら、球とケンカするから打てないぞ」

「追い込まれたときはすぐ打ちにいくのではなく、右打者なら右足にいったん重心を乗せて球を見ろ。そうすればまっすぐか変化球かがわかる」

ボールが止まって見えた川上さんは現役の晩年、まっすぐでグイグイ押してくる若い投手を嫌がった。そのかわり、カーブなど変化球主体の投手にはニコニコしながら向かっていった。いまのようにフォーク、スライダー、チェンジアップなど多彩な変化球の時代に川上さんがいたら、どんなバッティングを見せるだろうか。

フォークはストライクゾーンに投げない

「打撃の神様」の目を狂わせるほどの〝魔球〟について、杉下さんから興味深い話を聞いたのは、私が１９９８（平成10）年から日本プロ野球ＯＢクラブの会長を務めたときに開いた研修会だった。

この研修会で講師に招いた杉下さんは「私はフォークボールをストライクゾーンには絶対投げなかった」と裏話を披露した。

「やはり、投手の命はまっすぐ（直球）です。フォークはスピードがなくなるので見せ球だ。うるさい打者にはフォークにヤマを張らせておいて、アウトコースのまっすぐで仕留めた」

たしかに杉下さんのフォークは真ん中に向かってくるので、打ちにいくとストンと落ちた。見送れば明らかなボールで、ワンバウンドになることも多かった。

現役時代は身長182センチ、体重71キロ。スラリとした長身から投げ下ろすフォークボールは、長い指を大きく広げて挟んで投げたのでユラユラと揺れながら落ちた。人差し指と中指の間隔がやや狭い現在のフォーク（スプリット）とはスピードも落ち方も違うが、「ストライクゾーンからボールに落とす」のが大原則だ。

ところが現在の投手は三振を取るためにフォークを多投し、ストライクゾーンに投げることが多いので、スピードも力もない球を長打される。

2018年夏の高校野球甲子園大会で準優勝した金足農業高校の吉田輝星投手も、連投の疲れからストライクゾーンの落ちないフォークを大阪桐蔭打線に痛打され、優勝を逃した。

危険なフォークの失投

ヤンキースのエース・田中将大は、２０１８年9月1日にメジャーデビュー5年連続2ケタ勝利を達成したが、日本人初の大記録を前に5試合足踏みしたのも、打ちごろの高さに抜けたフォークの半速球をスタンドに運ばれたためだった。

田中には興味深いデータがある。全投球に対する速球の割合を示す「速球割合」が２０１５年には43・３％だったのが16年は36・８％、17年は37・４％、18年は32・０％、19年は33・８％と下降気味だ。

１５０キロ台の速球とフォーク（スプリット）、スライダーを中心とする多彩な変化球をコーナーに投げ分ける投球術は年ごとに進化しているが、これに反比例するように速球率が下がり、ホームランを打たれることも多い。田中が本来の武器である速球よりフォークを多投するため、失投の落ちないフォークで被弾することが多いのだ。

本当の元祖フォークは大正時代の早大エース・竹内愛一

杉下さんは日本人初のフォークボーラーといわれているが、日本で初めてフォークを投げたのは大正時代の早稲田大学のエース・竹内愛一《よしかず》である。

京都一商時代に夏の甲子園で準優勝し、当時の有名投手だった。

その竹内が2年生の夏、軽井沢合宿で当時の飛田穂洲監督に披露したのがフォークボールだ。

飛田さんの著書『熱球三十年』（中公文庫）に、「竹内の指先を離れた球は緩く妙な回転をして永野（捕手）のミットからこぼれ落ちた」と書かれている。

「フォークボールは制球が難しい。ヤンキースの投手で鉄砲玉といわれたブッシュの発明になるといわれ、猛烈な速球の間にこれを混ぜて打者の目をくらました」

飛田さんによると、竹内はその後、「フォークボールは肩によくない」といって試合ではあまり使わなかった。

竹内は杉下さんより20年以上も前にフォークボールをマスターしていたが、プロ野球の実戦でこれだけの成果を残した杉下さんが「フォークボールの元祖」であることに異論はないだろう。

ちなみに竹内は身長170センチ、体重64キロで、卒業までに東京六大学リーグで4度優勝した。なかでも4年生の1925（大正14）年秋、1906（明治39）年から中断されていた早慶戦の復活試合で、準パーフェクトの完封勝利を収めた快投が語り継がれている。

小山正明
Koyama Masaaki

優雅で気品さえ感じた、驚異の「投げる精密機械」

左足を静かに踏み出し、右腕をしなやかに振る小山正明の姿は優雅で、気品さえ感じさせるものだった。

小山は兵庫県立高砂高校出身で、1953（昭和28）年に阪神に入団した。私が巨人に入る前年だから、巨人と阪神の伝統の一戦を同じ時代に戦った。

183センチ、73キロの小山はスリムな長身投手で、上半身をほとんど動かさないままスナップを利かせて投げたので、6年後に関西大学から入団した村山実の、上半身を左ヒザにつくほど折り曲げる「ザトペック投法」といわれた躍動感のあるフォームとは対照的だった。

入団2年目の1954年に11勝を挙げて先発ローテーションに定着した小山は、58

年から3年連続で20勝以上をマークし、59年に入団した村山と2本柱で阪神投手陣を支えた。

小山はとにかくコントロールがよかった。後輩の村山が体全体を使って速球とフォークボールを投げ込んでくるのに対し、小山はスナップを利かせて投げるタイプだから、低めの速球がよく伸びた。

そして彼の特徴は、試合中、常に新しいボールを要求していたことだ。スライダーが武器だったから、滑りやすい新しい球のほうがピュッとよく曲がったのだろう。

いまの投手は落ちる球が多いから、ワンバウンドしたらすぐ捕手が球審にボール交換を要求するが、当時の投手は逆に、グラウンドの土で汚れたボールを欲しがった。そのほうが指にボールがよくかかるので、キレのいい変化球が投げやすいからだ。

大リーグでも、球審の目を盗んでボールにツバをつけたり、いろいろな物質をぬりつけたりした。

たとえば、近代投手理論の開祖といわれているトム・ハウスから、「ポケットに隠し持った紙ヤスリでボールを削ったものだ。そのほうがいろんな変化球が放れるからね。わざわざマウンドの泥をつけて球を滑りにくくする投手もいたよ」と引退後に聞いたことがある。

だから小山は異例のきれい好きだったわけだ。

村山実と2本柱の先発ローテーション

小山が全盛期のころ私が驚いたのは、阪神の藤本定義監督が小山、村山を中心に先発ローテーションを組んでいたことだ。

小山、村山の2本柱とバッキー、渡辺省三などで先発メンバーをつくり、相手がどこであれ、順番を変えようとしなかった。

当時の先発投手といえば、どのチームも調子のいい投手や相手チームとの相性のいい投手を順番につぎ込んでいた時代だった。

まだ現役で未熟だった私も、「藤本さんはバカだな〜。もっと調子のいい投手をつぎ込めば勝てるのに」と思っていたが、藤本監督はちゃんとした先発ローテーションシステムを確立したからこそ、投手王国・阪神をつくることができたのだ。

藤本さんは当時50代で、巨人の川上監督も直立不動する球界の長老監督だった。私の母校・早稲田大学の大先輩で、在学中は名投手として活躍した。１９０６（明治39）年以来中断していた早慶戦が１９２５（大正14）年秋、19年ぶりに再開した復活戦の2回戦で完投勝利を収めている。

早大のエースとして投手人生を送ってきた経験と研究が、戦後のプロ野球で画期的なローテーションシステムを確立したと私は思う。

阪神は、藤本さんがローテーション通り登板させたから投手が育った。投手が「この監督は俺を信頼してるから、ローテーション通りに使ってくれている」という考えになっていくのだ。

いまのように、ホイホイと調子のいい投手を次々に使っていると本当の力はつかないし、出てこない。そういうことに普通の監督は気づかない。藤本さんがそういうことまで知っていたかどうか知らないが、ローテーションを守って投げさせたから投手陣がよく育った。

先発ローテーションをつくるということは、投手たちに責任感と自覚を持たせるということである。私がチームづくりにとって一番大事なこのことに気づいたのは、巨人を引退して１９６７（昭和42）年に、単身で米大リーグを視察したときだった。

当時すでに、大リーグではどのチームも先発投手５人を決め、勝っても負けても中４日で回していた。これは、多民族国家のアメリカの「選手起用も平等でなければならない」という思想によるものである。

たとえば先発投手を決めるとき、監督の好みや恣意的な判断で起用すれば、登板のチャンスを奪われた投手は不利益をこうむることになり、後ろについている代理人が黙っていないのだ。

一方、アメリカで先発投手が完投しないのは、中４日で回すには、毎試合１００球程度で代えるほうが長いペナントレースを通じて安定した内容を維持できるからだ。

そのかわり、10連戦～20連戦でもちゃんと中4日のローテーションを守り、中継ぎ～抑えと分業を確立している。先発を１００球程度で交代させるのは甘やかしではなく、ちゃんと合理的な裏付けと理由があるのだ。

私は評論家生活と広島のコーチを経て１９７６（昭和51）年にヤクルトの監督に就任したとき、「チーム強化のためには投手陣の整備が先決」と考え、大リーグ視察の成果である「先発ローテーションの確立」を最優先で実行した。

監督就任2年目に2位、3年目で球団初のリーグ優勝と日本一になれた原動力は、大リーグ視察で学んだ先発ローテーションシステムの確立にあった。

このとき私が指名した先発投手は速球の松岡弘《ひろむ》を中心とした5人だったが、私は彼らに「先発したらどんなことがあっても5回以上は投げろ」と厳命した。その結果、先発組に「監督は俺を信用してくれている」という自信と「5回以上は投げなければ」という責任感が芽生えた。

ところがいまのプロ野球で、5～6人の先発投手で中4～5日のローテーションを守っているチームはない。

それどころか、10日以上の間隔で登板した二流投手にも、５〜６回で１００球投げるとエース並みの待遇でリリーフを送るのはどういうわけか。

理由は２つある。監督・コーチが先発ローテーションの意味を知らないか、先発投手が１００球以上投げる体力と技術を持っていないからだ。つまりキャンプで、完投できる体力と技術を身につける練習をさせていないからである。

勝っても負けても完投

阪神で村山と先発の２本柱だった小山は、登板したら勝っても負けても完投した。エースとしての自覚と体力と技術があったからだ。

彼は阪神で11年間、主力投手として活躍したあと、東京（ロッテ）オリオンズ（現・千葉ロッテマリーンズ）と大洋ホエールズに移籍した。通算21年間の現役生活で歴代３位の３２０勝を挙げ、こちらも歴代５位の２９０完投を記録した。

先発投手は５～６回までで、あとは中継ぎ、抑えのリリーフ勝負に任せるいまの野球と比べると、２９０完投は驚異的な数字である。華奢《きやしや》に見えた投手のどこに、こんなスタミナがあったのか。

２０１８年６月のデイリースポーツ電子版に、83歳になった小山と、元広島投手で阪神時代に小山コーチの指導を受けた安仁屋《あにや》宗八《そうはち》（73）の興味深い対談が載っていた。〝虎のレジェンド〟と広島ＯＢ会長が語りつくした、「投手は強靭な肩をいかにして作り上げるか」の一部を紹介する。

小山「僕や安仁屋らがやってきた時代からすれば、今は考えられんことをやっているわな」

安仁屋「先発投手は中４日が当たり前だったのが、今は中６日が普通。それで１００球前後で交代、というんですから…」

小山「それからすると、安仁屋はよう投げてくれたよな。僕が阪神でコーチをしている時に、リリーフで来る日も来る日も嫌な顔一つせずに投げてくれ、またそれに耐えうる内容を残してくれた。それができたのは、強靭な肩、体力があったからや」

安仁屋「僕は投げるのが好きなだけですよ（笑）」

小山「そうかもしれんが、本当にありがたかった（笑）。一時『肩は消耗品』てことを言う人がおったが決してそんなことない。僕らの頃は、完投するとだいたい130球程度費やしたんやが、コントロールのいい渡辺省さん（元阪神投手・渡辺省三氏）なんかはもっと少なかった。ただ、それを平気で投げるためにキャンプでどんだけ投げ込んだことか」

安仁屋「今は100球投げただけで〝投げ込み〟と新聞に書かれますけどね」

小山「130球前後で完投するとするならば、150〜160球投げる体力を作っておかないといかん。それだけの〝余力〟が必要なんや。その昔、ヘルシンキ五輪（1952年）の競泳男子1500メートル自由形で銀メダルを取った橋爪（四郎）さんは毎日1万メートル泳いで練習しとったと本人から聞いた。バルセロナ（92年）の女子200メートル平泳ぎ金メダリスト・岩崎恭子も練習で1万メートル泳いどったというな」

安仁屋「根本さん（根本陸夫氏＝元広島、西武、ダイエー監督）が監督だった時、遠征先で僕と外木場（義郎氏）が呼ばれて先に球場に行くんです。ホームの練習が始まる前ですよ！　根本さんが『ブルペン2人分貸して』と相手側に頼み、そこから延々と投げるんですが…。終わったら（ビジターの）こっちの練習も終わってましたね（苦笑）」

小山「そうやってあんたの強い肩ができたんやな」

安仁屋「その時は『何でワシらだけ?このくそオヤジが!』と思ってましたが、成績が出るようになって初めて『あれがあったから』と思うようになりました。根本さんに感謝してますよ」

(「小山氏×安仁屋氏(3)『肩は消耗品』なんてことはない」デイリースポーツonline、2018年6月24日)

稲尾和久

Inao Kazuhisa

日本シリーズで巨人の伝統と誇りを粉砕した鉄腕

私が西鉄の投手・稲尾和久を初めて見たのは、１９５６（昭和31）年の日本シリーズだった。私が巨人に入って３年目、稲尾はこの年に入ったルーキーである。別府緑丘高校出身の新人は１８０センチの長身だったが、当時の印象は薄かった。ところが私たち巨人にとってはなじみの薄い九州の新人は、とんでもない天才だった。この年、いきなりペナントレースで21勝６敗、パ・リーグ記録の防御率１・０６で最優秀防御率のタイトルを獲得し、新人王になったのだ。

日本シリーズでは、この新人エースとショート・豊田泰光らの活躍により、私たち巨人は２勝４敗。稲尾は最優秀投手賞と敢闘賞を獲得し、ＭＶＰの豊田とともに投打の両輪として活躍し、三原脩《おさむ》監督が率いる西鉄を初の日本一に導いた。

このシリーズでの敗退が、私たちの悪夢の始まりだった。翌年も西鉄と覇権を争った巨人はなんと１分けを挟んで４連敗と完敗。そして３年連続の対決となった１９５８年、巨人の伝統と誇りを粉砕したのが稲尾だった。

このシリーズで、稲尾は７試合中６試合に登板した。しかも第３戦以降の５試合に先発して４完投し、四回からリリーフした第５戦では、シリーズ初のサヨナラホームランも放った。巨人を相手に３連覇を果たしたとき、新聞を飾った「神様、仏様、稲尾様」の見出しは流行語になった。

あとになって豊田から聞いたが、当時、稲尾はマウンドで握っていたボールをポトリと落としたという。連投の疲れで握力が落ちていたのだ。

併殺打狙いの高速スライダー

あのときの屈辱は思い出したくもないが、当時の稲尾はシュートとスライダーを武器に内外角を攻めるピッチングだった。それに、勝負どころで外角低めにスパッとくるストレートのコントロールがよかったのを覚えている。

スピードはそれほど感じなかったし、カーブもなかったが、頭のいいピッチャーだった。若いのに、打者が何を考えているかをよく読んで、打ち気がないときにはズバッとストライクをとりにくるかわりに、「こいつは打つな」と思うと外角のきわどいところにスライダーや速球を投げて内野ゴロを打たせた。それができるのも、コントロールがよかったからだ。

稲尾のすごさをあらためて実感したのは、私が日本プロ野球ＯＢクラブの会長を務めたときに開いた研修会だった。稲尾をはじめフォークボールの元祖で中日ＯＢの杉下茂さんや、やはり中日の名外野手・中利夫などを講師に招き、後輩のＯＢクラブ員に現役時代の体験談を語ってもらったのだ。

稲尾はこの席で「速いスライダーを投げればゲッツーがとれる」といった。

「速いスライダーは速い打球で内野手の正面に行きやすいからゲッツーになりやすい

が、緩いスライダーはバットに緩く当たるから打球も弱いのでゲッツーはとりにくい」

つまり、走者一塁などで併殺が欲しい場合、スピードのあるスライダーを投げれば跳ね返るゴロも速いのでゲッツーをとりやすい。その逆に、スピードのないスライダーを打ち返したゴロは遅いので、併殺は難しいということだ。

私はあの西鉄との日本シリーズで、巨人がさんざん苦しめられたスライダーの魔力が40年ぶりにわかった気がした。やはり打者の気持ちを見抜く頭脳と、狙ったところに狙ったスピードで投げられるコントロールがないとできない高等技術である。

そして杉下さんのフォークボールや稲尾の高速スライダーの話を聞いて私が思ったのは、「やはり昔の名投手は、投げるボールにそれぞれ意味があるんだな」ということだった。

いまの投手も、いろんな変化球を器用に投げているが、そのボールにどれだけの意味があるのか、考えているのだろうか。ただその場をしのぐために、漠然と変化球を投げているように見えてならない。

「生きる道はコントロール」と悟らせたライバル・畑の速球

稲尾は、あの若さでどうしてあの高速スライダーと神業のコントロールを身につけられたのだろうか。

のちに、稲尾とも親しかった新聞記者から興味深い話を聞いた。

「高校時代、稲尾さんは全国的には無名の選手でした。ところが初めての島原キャンプ（長崎県）のブルペンで並んで投げたのが、選抜甲子園大会準優勝投手の左腕・畑《はた》隆幸（小倉高）だったのです。全国的に有名で、いまでいえばドラフト1位級の畑の球は驚くほど速く、稲尾さんは『こりゃかなわんな。こんなのとスピードを競ったら肩を壊してしまう。俺がプロで生き残るには、コントロールで勝負するしかない』と悟ったそうです」

「ちなみに稲尾さんの契約金は50万円、月給は3万5000円。一方、全国区の畑は契約金８００万円、月給15万円だったそうです。高校卒のサラリーマンの月給が６０００円、大学卒の初任給が８０００円から１万円の時代だから、稲尾さんもなかなかの額ですが、同期入団の畑との格差はさすがにショックだったようです。これ、本人から聞いた話です」

稲尾の自伝『鉄腕一代』によると、稲尾たち新人投手は島原キャンプの打撃練習で、毎日４００球も５００球も投げ続けた。まだ現在のようなバッティングマシンがない時代だから、新人投手たちが手動の投球マシンだった。

なにしろ打席に立つのは大下弘、中西太、豊田泰光、関口清治など、球界を代表する強打者ばかり。２球続けてボール球を投げれば「コラアッ。しっかり打てる球を投げんかい」とどなられ、ストライクばかりを投げ続けると、「たまにはボール球も投げるもんじゃ」と怒られた。ストライクばかり投げると見送れないので打ち疲れるのだ。

ベテラン打者に一番喜ばれたのは「３ストライク、１ボール」だった。４球のうち１球はボールにするピッチングは、惰性で投げるブルペンの投球練習よりコントロールが身につき、のちに実戦のマウンドで役に立った。

毎日500球の打撃投手で身についた制球力と地肩の強さ

毎日打者に向かって投げ続けるうちに、稲尾はパッとひらめいたという。

> ホームプレートには、基本的に四つのコーナーがある。外角高目と低目、内角の高目と低目。3球続けて真ん中に投げたあと、外角低目にひとつハズしてみたり、ストライク三つのあと内角高目に1球ハズしてボールにしてみたり、バッティング投手の仕事の中で独自のコントロール練習がそうして始まった。
>
> （中略）あとになって考えると、ひとつの課題を持って夢中で毎日毎日、投げ続けているうちに、いつのまにか、いうところの〝地肩〟というものが出来上がっていったのかもしれないし、危険な打球をかわしたり処理しているうちに、それが自然に投手のフィールディング練習になっていた。

前向き思考に変えたことで、天が味方したといいかえてもいいかもしれない。

（稲尾和久『鉄腕一代』ベースボール・マガジン社、１９９３年）

甲子園大会出場４度で１９５４（昭和29）年の選抜甲子園大会で準優勝した畑は、９年間の西鉄時代に２ケタ勝利３度を記録したが、その後中日に移り、通算10年間、計56勝50敗で引退した。

一方、稲尾は畑との速球勝負を諦め、コントロールを極めて通算２７６勝を挙げ、数々の記録とタイトルを残して伝説の名投手になった。

先述の記者は、インタビューのあと稲尾と掌《てのひら》を合わせてみたが、身長１８０センチの稲尾の指は、１７０センチの記者より少し長いだけだった。稲尾は目を細めていったそうだ。

「俺は指が短いからフォークは投げない。そのかわり、スライダーとコントロールでボールを出し入れしたんだよ」

「出し入れ」とは、「外角いっぱいにストライクとボールを投げ分けた」ということだ。

私が現役時代、稲尾のカーブや落ちる球の記憶がないのも、多彩なスライダーとコントロールで巨人を翻弄した秘密も、これでわかった。

投手生命を縮めた三原監督の酷使

稲尾はスライダーと速球のコントロールがよかったから、あれだけの成績を残した。そして、そのもとをつくったのは、やはり先輩相手にキャンプでフリーバッティングを投げ抜いたことだ。中学時代から漁師の父親を手伝って舟をこいで下半身を鍛えたうえに、若いときにあれだけの練習を積んだ成果である。

あのころはいまのように世の中が裕福ではないから、子どもたちも親の手伝いなどで苦労した。そのころ身についたガッツが、のちに野球の役に立った。

ところが恵まれて育ったいまの人間は、なんでも楽をしていい結果を出そうと考える。1日50球前後しか投げないといわれる高校や大学の投手たちは、鉄腕・稲尾の根性を見習うべきだ。

稲尾は１９６４（昭和39）年に肩を痛め、67年からの３年間は１ケタ勝利が続いて通算14年、32歳で引退した。高卒投手としては全盛時代が短かったのは、西鉄黄金時代の３年連続日本一で連投したように三原監督の酷使が原因の一つだが、酒豪だったこととも無縁ではない。

２００７（平成19）年に享年70で永眠したが、若いころから酒を控えて節制していたら現役生活も寿命も、もっと長かっただろう。

米田哲也

Yoneda Tetsuya

大リーグの１００球理論に反論した、３５０勝の剛腕

鉄腕といえば、阪急のエース・米田哲也を忘れるわけにいかない。

米田は鳥取・境高校出身で、阪急のあと阪神～近鉄に移り、通算22年間で歴代２位の９４９試合に登板。この間に金田正一の４００勝につぐ歴代２位の３５０勝を挙げ、シーズン20勝以上を８度記録している。

１８０センチ、87キロと当時としては大きな体で無類のスタミナを誇り、「ガソリンタンク」の異名をとった。登板したら勝っても負けても完投する、タフガイエースの代表格だ。

私は現役時代、オープン戦では対戦したが、ペナントレースで戦ったことはない。

米田は１９６７（昭和42）年に18勝を挙げて阪急の初優勝に貢献。巨人との日本シリー

ズにも4試合に登板したが、私はその前年を最後に引退していたので直接対決はなかった。

それでも印象に残っているのは、1989（平成元）年11月の「日米ベースボールサミット」だ。私が日米野球人の親睦と日本の野球技術のさらなる向上をめざして、前年から3年連続で開催した民間イベントである。

このサミットにはキューン・元大リーグコミッショナーをはじめ、球団副会長やゼネラルマネジャー（GM）など球団経営陣と現職の監督、それに現役のトッププレイヤーたちを特別講師に招き、実技指導や研修会を行った。

研修会には長嶋茂雄、王貞治、稲尾和久、張本勲などプロ野球OBの野球評論家がほとんど参加した。米大リーグの講師陣と日本のプロ野球OBの間では、コミッショナーやGMの実態など球団経営問題から監督論、選手の技術指導まで、幅広いテーマについて熱のこもった質疑応答と討論が行われた。

このサミットに、米田も参加していたのだ。

大リーグの特別講師が示した100球理論の根拠

米田をはじめ、日本のOBたちが強い関心を示したのは、大リーグの幹部たちが語った投手起用論だった。

特別講師の一人は、当時すでに大リーグの大原則になっていた「先発投手の100球理論」について、わかりやすく解説した。

ピッチャーはヒジを痛めます。故障が起こる原因は、第一に投げ方が悪いこと。2番目に、投球に耐えられるだけの腕の筋肉がないこと。しかし、いくら素晴らしい筋肉を持っていても、使いすぎれば無理がくる。だから投げすぎさせないことだ。

大リーグでは、このピッチャーはどのくらい投げられるか、その投球数を簡単な方法で決める。先発ピッチャーの場合は、9イニング投げられる能力、すなわち135球がその選手の限界とみる。平均すれば1回を15球で投げられれば完投できる。

リリーフ投手の場合は、筋肉が疲れないことを第一に考える。

今日、15球で１回を３アウトにした投手を３回投げさせたら45球だから、翌日は休ませる。１回だけ15球で終わった投手は、翌日使ってもいい。

今日２回で30球投げた投手は、翌日も１イニングだけＯＫ。２日で計45球投げた投手は翌日休み。だから１イニング15球を基準にして１日に45球投げたか30球投げたか、15球かによって翌日投げられるかどうかを考えて起用する。

ただし、45球投げたらもう投げちゃいけないと誤解しないでほしい。肩を壊さないためには、45球投げたら１日休ませてほしい。90球投げたら２日休ませてほしい。１３５球投げたら３日か４日。だから５人の先発ローテーション投手で１試合１３５球ぐらい投げてもらい、４日くらい休ませれば１シーズン投げても肩には負担がこないといっている。

（『第２回　日米ベースボールサミット速記録』日米ベースボールサミット実行委員会、１９９０年を編集）

米田「ある程度投げることで自信がつかめる」

これが先発投手は「１００球から１３５球投げて中４日休み」という大リーグの先発ローテーション理論の原則だが、ここで３５０勝のうち２６２完投の剛腕・米田が声を上げた。

米田「日本の場合、昔はある程度球数を放ることによって自信がつかめるということがあったんですが、アメリカでは球数はあまり放らなくてもいいということでしょうか。そうした場合に、コントロールがつかめないという者も出てくると思うんですが」

大リーグ講師「球を投げるということ自体は、非常に不自然な動作をしているわけです。不自然な、ということは、筋肉のありかたからすれば、筋肉にダメージを与えることをやっている。それでいてマウンドから投げる。傾斜から投げる。

それからこういう投げ方は、投げれば投げるだけ、その都度、筋肉の筋を知らないうちに痛めているわけです。筋肉を痛めるようなことを、何回も何回も続けることによって腕を強くするという考えは、西洋の人にはわからない。ですから投げないで、他の方法で投げるのに役立つ筋肉を強くしようというのでいまいろんな器械を使ってやっているわけです」

米田「だけど日本の場合は、ある程度投げ込んだ人の方が長続きしているんです」

大リーグ講師「長いというのはどのくらいですか？　平均して成功しているというのは何年くらいですか？」

米田「35歳くらいです。僕は39歳まで投げました」

大リーグ講師「ノーラン・ライアンは43歳（当時）です。ほかにも40近いピッチャーは相当います。もし日本で35まで投げられるなら、私がいったようにやれば日本の投手はもっともっと長続きするのではないか。35くらいでよくやったというのではもったいない」

講師は「米田さんの場合はよほど投げ方がよかったのでしょう。正しい練習をして、いくら投げても肩に他の人より負担がかからないような投げ方をしたのではないですか？」と持ち上げた。そして続けた。

「レンジャーズでは、若い投手は球数の限度がもっと少なくなる。先発は１００球以上投げさせない。若ければ若いほど肩を大切にする。

練習はしなければならないが、それには技術を向上するために必要な筋力の強さがなければ、能力は伸びないというのがアメリカの考え方だ。だから少なく投げて技術が伸びるとは考えていない。

どうやったら最高の投げ方ができるか、というのが私たちの最大の関心事だ。その数字がたまたま、日本の標準よりアメリカは低いということです」

「アメリカには年齢と球数制限のデータがある」

「アメリカには何歳の時に何球投げるというデータがある。投球数のリミットは年齢によって変わる。だから投球数は年齢によって制限しなければいけない。一律に制限してはいけない。若い時にたくさん投げていると長続きしないという数字がはっきり出ている。

ノーラン・ライアンはコントロールが悪くて若い時はあんまり試合に出ていない。ライアンは若い時は全然無名の投手だったからいま開花している。

一方（スプリットフィンガー・ファストボールを武器とする）トム・シーバーはその当時、一線でバリバリやっていたから、そういう風に若い時から多く使われた人は早く辞めている。若い時にたくさん投げた人は長続きしないという数字がはっきり出ている」（同前）

日本を代表する剛腕・米田と大リーグ側の論争は30年前の話だが、大リーグではいまも、中4日の「１００球理論」が先発投手の大原則になっている。

一方、なんでもアメリカのまねをする日本は、１週間も2週間も休んでいた先発投手でも5回１００球になったら型通りに降ろして、何人ものリリーフ投手を繰り出している。そして先発投手は、５回投げて勝利投手の権利を取ったら、役目が終わったような顔をして交代している。

中５日で1シーズン投げ通すローテーション投手と違って、登板前後にたっぷり休む投手まで一律に１００球で交代させる必要はない。

日本の１００球理論と先発ローテーションは間違い

一見、大リーグ方式と似ているようだが、日本の先発ローテーションシステムは中身が間違っている。首脳陣も投手も、ローテーションシステムの根拠になっている「１００球理論」の意味をどこまで理解しているのだろうか。

すでに述べたように、大リーグが先発投手を球威があってもっとも結果がいい１０0

０球をメドに交代させるのは、中４日休ませて１シーズン先発ローテーションを維持するためだ。そしてヤンキースのエース・田中将大が２０１９年６月18日のレイズ戦で完封勝ちしたように、１イニング15球ペースで好投する投手には最後まで投げさせるのだ。

私は米田がいつも完投するつもりで登板したように、投手は先発したら完投をめざすのが原則だと思っている。そして先発組は、たとえ調子が悪くても最低５イニングは投げ抜く覚悟と責任感を持っていなくてはいけない。

ところが日本では、大リーグのように中４日で５人の先発投手陣を編成しているチームはないし、１人か２人の先発組の柱も、中５日（５日休み＋移動日）の登板が現実だ。

つまり日本には先発ローテーションシステムは存在しないし、その中身もメジャーとは似て非なるものである。

当時メジャーの野茂に対する評価は低かった

郵便はがき

料金受取人払郵便

代々木局承認

6948

差出有効期間
2020年11月9日
まで

1518790

203

東京都渋谷区千駄ヶ谷4-9-7

(株)幻冬舎

書籍編集部宛

1518790203

ご住所 〒 都・道 府・県	フリガナ お名前
メール	
インターネットでも回答を受け付けております http://www.gentosha.co.jp/e/	

裏面のご感想を広告等、書籍のPRに使わせていただく場合がございます。

幻冬舎より、著者に関する新しいお知らせ・小社および関連会社、広告主からのご案内を送付することがあります。不要の場合は右の欄にレ印をご記入ください。

不要 □

本書をお買い上げいただき、誠にありがとうございました。
質問にお答えいただけたら幸いです。

◎ご購入いただいた本のタイトルをご記入ください。

『　　　　　　　　　　　　　　　　　　　　　　　　　　　』

★著者へのメッセージ、または本書のご感想をお書きください。

●本書をお求めになった動機は？

①著者が好きだから　②タイトルにひかれて　③テーマにひかれて
④カバーにひかれて　⑤帯のコピーにひかれて　⑥新聞で見て
⑦インターネットで知って　⑧売れてるから／話題だから
⑨役に立ちそうだから

生年月日	西暦　　　年　　　月　　　日（　　　歳）男・女			
ご職業	①学生	②教員・研究職	③公務員	④農林漁業
	⑤専門・技術職	⑥自由業	⑦自営業	⑧会社役員
	⑨会社員	⑩専業主夫・主婦	⑪パート・アルバイト	
	⑫無職	⑬その他（　　　　　　）		

このハガキは差出有効期間を過ぎても料金受取人払でお送りいただけます。

ご記入いただきました個人情報については、許可なく他の目的で使用することはありません。ご協力ありがとうございました。

私がこの「ベースボールサミット」を開催したのは、現役を引退した野球評論家や各球団が米大リーグの実態を勉強して日本の野球界をよりよくするためだった。アメリカから元コミッショナーや複数のＧＭ、現役の主力選手たちを招き、東京ドームを借り切って、メジャー選手たちが日本のアマチュア選手に実技指導も行った。

実技指導には、ヤクルトに入団したばかりの長嶋一茂のほか、のちにドジャースに入団する野茂英雄や、ヤクルトの監督や捕手を務めた古田敦也、現・中日監督の与田剛などのプロ選手や、社会人野球から少年野球チームまで、多くのアマチュア選手が参加した。

面白かったのは、メジャーの来賓たちに「野茂と与田はどっちがいいと思うか」と聞いたところ、みんな「球が速い与田のほうがいいね」と答えたことだ。「野茂がいい」と答えた人が1人もいなかったのは、「あのトルネード投法では故障する可能性が高いし、長い間大リーグで活躍するのは難しい」というのがその理由だった。

その野茂がのちに近鉄経由でドジャースに入って大活躍した。一方の与田はＮＴＴ東京から中日にドラフト1位で入団したが、ロッテ～日本ハム～阪神を渡り歩き、11

年通算8勝19敗で引退した。わからないものである。

あのサミットには1回で約1億5000万円、3年で4億円以上の経費がかかった。企画の趣旨に賛同してくれた実業家がスポンサーになってくれたから実現したが、本来ならプロ野球のコミッショナーがオーナーたちに呼びかけて、毎年でも指導者養成の勉強会を開くべきだ。

金田正一
Kaneda Masaichi

巨人ナインが〝球界の天皇〟を認めた理由

庭から秋の虫の音が聞こえ始めた２０１９年10月6日夜、巨人系の新聞社から金田正一の訃報が届いた。享年86。当時の私より1歳若かった。「急性胆管炎による敗血症」だそうだが、誰よりも元気な男だったから驚いた。

あらためていうまでもなく、歴代トップの４００勝を挙げたすごい投手だった。巨人で現役を引退したので巨人が金田の死去を発表し、マスコミも「巨人の金田」として大々的に報じているが、４００勝の偉業は、現役通算20年のうち15年間に３５３勝を挙げた国鉄時代につくられた。「国鉄の金田」を忘れてはいけない。

ついでにいえば、巨人は金田を川上哲治、長嶋茂雄、王貞治らとともに「永久欠番」にしたが、永久欠番は長年そのチームに貢献した選手を顕彰するものなので、ヤクルトこそ金田を永久欠番にするべきだ。

ダブルヘッダーで2勝稼いだ

私も巨人のショートとして1954（昭和29）年から11年間、国鉄のエース・金田と戦った。私が新人の年、金田はもう5年目で、3年連続で20勝以上、奪三振のタイトルも3年連続で獲っていた。

私はもともと左投手が好きだったので、金田との対戦はあまり苦にならず、それほど速い投手という記憶もなかった。私が「速いなー」と感心したのは広島（当時）の右腕・大石清で、切れのいい速球がバッターの手元でキュンと伸びた。

大石は身長176センチで大きな投手ではなかったが、広島のエースとして3年連続20勝以上を含む5年連続の2ケタ勝利を挙げ、通算134勝を残している。

金田は長身の本格派だったから小柄なバッターが苦手で、阪神の吉田義男にはよく打たれていた。吉田の金田に対する通算成績は打率・２９０、本塁打８本である。

いまでも覚えているのは、金田が小柄な選手に打たれると「おー、よく打ったなー」というように、余裕の笑顔で打った選手を見ていたことだ。チーム内で「天皇」と呼ばれていた金田の照れ隠し、プライドだったのだろう。

国鉄時代の金田といえば、真夏のダブルヘッダーで１戦目に先発完投したあとも、２戦目で三回か四回までにリードすると「ヨッシャー、俺が行く！」とマウンドに登った。こうして白星を積み上げた結果の４００勝でもある。

ドーム球場のない時代、炎天下での先発完投とリリーフで２勝稼ぐ体力と気力と技術は、誰にもできることではない。

巨人戦の金田で忘れられないのは１９５８（昭和33）年の新人・長嶋茂雄との初対決だ。４月５日の開幕日。後楽園球場のマウンドに立った金田は３番の長嶋を４打席連続空振り三振に討ち取った。私はこの日２番でショートを守り、５打数１安打２三振だったが、私のあとで長嶋がクルクル回った姿はよく覚えている。

巨人時代は技巧派に転向

金田が巨人に来たのは、１９６５（昭和40）年だった。10年選手制度（現在のフリーエージェント制度）を使った移籍だが、このときの金田は快速球は影をひそめ、コントロールのいい大きなカーブを多投する技巧派投手になっていた。

前年は国鉄で27勝12敗、防御率２・７９、奪三振２３１で、２年連続奪三振のタイトルを獲っていたのに急変したのは、長年の力投で左腕が〝金属疲労〟を起こしていたのかもしれない。

当時の巨人ナインは国鉄の「金田天皇」がどれだけやれるか、お手並み拝見という冷ややかな態度だった。それまでの生え抜き選手は、死に物狂いの練習でやっと名門のレギュラーを勝ち取ったというプライドを持っていた。それだけに投手も野手も、一度手にしたポジションを他人に奪われないために命懸けの努力をしていた。

排他的な集団に聞こえるが、本来プロとはそういう世界だ。いまのように、自分の仕事を奪うライバル選手でもハイタッチで迎えるような仲良しぶりは信じられない。

巨人ナインに受け入れられた猛練習と〝金田鍋〟

　この年からＯＮ砲を中心に川上監督のＶ９時代が始まる巨人で、新入り・金田は国鉄時代のワンマン生活とは別人のように従順だった。初めて合流した2月の宮崎キャンプでは誰もが驚くほどよく走り、若い投手に交じって真剣にメニューをこなした。

　そして我々を驚かせたのは、宿舎での食生活だ。当時のホテルは和室で、長嶋や王などの主力選手も２人ずつの相部屋だった。食事はみんな大部屋で一緒に食べたが、金田はよく自費で肉や魚や野菜など豊富な食材を持ち込んで自室で〝金田鍋〟をつくり、可愛がっていた相部屋の投手・渡辺秀武と盛大に食べていた。

　これは勝手な単独行動ではなく、首脳陣も「独自の栄養補給」として認めていた。公式戦が始まってからも、プロとしての自己管理と熱心な練習で「金田はやるじゃないか」と巨人ナインからの評価が上がり、「国鉄の天皇」は名実ともに巨人の一員に迎えられた。

だが巨人の1年目は、金田にとって順調な年とはいえなかった。宮崎でのキャンプを打ち上げ、平和台球場での西鉄とのオープン戦前、トスバッティングの打球を受け損ねて左手人差し指を負傷。それでも公式戦の開幕投手を務めたが、6月中旬からは左ヒジ痛で一時戦列を離れた。

このため11勝6敗に終わったが、それでも100三振を奪って防御率1・84で防御率のタイトルを手にしたのは、落差のあるカーブとコントロールのいい直球のコンビネーションを駆使したテクニックの成果だった。

この年、生涯で初めて日本シリーズに出場した金田は南海を相手に1戦と3戦に先発登板して2勝を挙げた。私もショートを守っていたが、マウンドの金田が新人のように緊張して青白い顔をしていたのを覚えている。

巨人に移って5年目、現役最後の1969(昭和44)年には5勝4敗で400勝を達成した。投手陣が「カネさんに勝たせよう」と協力し、さまざまなお膳立てをした結果の大記録である。

第3章

達人たちの神業

――野手編

吉田義男
私とは正反対だった「魅せるショート」

Yoshida Yoshio

前年より1か月も遅れて２０１９年の梅雨が明けた直後の8月1日、阪神の元二塁手・鎌田実の訃報を聞いた。80歳。ショート・吉田義男、サード・三宅秀史とともに１９６０年代の阪神で「鉄壁の内野陣」を組んだ名セカンドだった。

たしかに鎌田は天才的な守備で阪神ファンを沸かせたが、阪神内野陣の主役は吉田だった。京都市出身の吉田は私の2学年下だが、地元の立命館大学では1年からレギュラーで活躍していた。

私が吉田の名前を初めて聞いたのは、早稲田大学で関西遠征したときだった。当時の森茂雄監督が立命館との試合前、「おい、ヒロ。お前よりうまいショートがいるぞ」と私にいった。当時3年生で早稲田のレギュラーだった私は「俺よりうまいショートがいるかい」と思っていたので、「誰ですか」と聞くと「吉田だよ」という。

森監督がわざわざそんなことをいったのは、私に競争意識を与えようとしたからか知らないが、私は立命館の小柄なショートなんか眼中になかった。詳しいことも覚えていないが、そのうちに吉田は大学を中退して1953（昭和28）年、阪神に入団した。だから吉田のほうがプロ入りは1年早い。

捕るが早いか投げるが早いか

身長167センチの吉田は180センチの私より小柄で、ショートとしては何から何まで対照的だった。

私は万事オーソドックスな基本プレーをめざしたが、吉田は1年目から阪神のレギュラーを務め、素早い動きとスローイングで「牛若丸」といわれた。

私に特別な競争意識はなかったが、吉田は小さな体で名門・阪神のショートとして人気を高めるにはどうしたらいいかと懸命に研究し、努力を重ねた結果、普通に捕るより動きを一つ抜いてパパッと素早くゴロをさばき、捕ると同時に送球する技術を磨いたのだろう。

それをマスコミは「捕るが早いか投げるが早いか」と表現し、当時の人気解説者・小西得郎さんは「吉田は絹。広岡、長嶋は木綿」と表現して競争をあおった。

当時、野球評論家の間では「巨人の広岡・長嶋と、阪神の吉田・三宅の三遊間はどっちが上か」と議論になっていた。賛否両論で、「甲乙つけがたし」が結論だったようだ。

私から見れば、阪神はオーソドックスで基本がしっかりできたプレーをする三宅のほうが、吉田よりうまかったと思う。

吉田は「牛若丸」といわれた華やかなプレーをやらないとお客さんが喜んでくれないと思っていたのだろうが、私はそんなことはできないから吉田流をまねしなかった。

事実、吉田は器用だが、「基本ができていないから、晩年になったらあれじゃ捕れんわ」と思うようなプレーが多かった。

とはいえ、いまは広島の菊池涼介二塁手がうまいといわれているが、魅せるという点では吉田のほうがはるかに上だ。

初の日本シリーズ対決はライバル・吉田阪神の勝ち

吉田は肩が強かったので、捕った瞬間、矢のような送球をした。バッティングもシャープで足が速く、通算17年間で打率・２６７、本塁打66、盗塁３５０を記録している。

ちなみに私の通算成績は13年間で打率・２４０、本塁打１１７、盗塁１１５だった。引退後の吉田は3度にわたって通算8年間、阪神の監督を務めた。１９８５（昭和60）年には初めてセ・リーグ優勝を飾り、日本一になった。相手は私が監督を務めていた西武で、私はこの日本シリーズの敗北を最後にライオンズを去った。私が53歳、吉田が52歳のときである。

張本 勲
Harimoto Isao

監督経験がないのが惜しい、正論を貫き続ける男

イチローに記録を塗り替えられるまで、米大リーグの最多安打記録はピート・ローズが持っていた。ローズは最多試合出場記録、シーズン２００安打最多回数記録も持っていて、「チャーリー・ハッスル（ハッスル坊や）」のニックネームでファンに愛された。

ローズのメジャー記録を更新したイチローは日米通算４３６７安打の大記録を残して２０１９年３月に引退したが、日本球界一筋で３０８５安打を記録した張本勲の偉業も忘れてはならない。

苦手なインコースの打ち方を聞きにきた

私が巨人の現役時代、東映フライヤーズ（現・北海道日本ハムファイターズ）の張本とペナントレースでの直接対決はなかったが、両チームとも関西遠征では同じ宿舎に泊まっていた。巨人は兵庫県芦屋市の竹園旅館旧館が定宿で、東映は隣の別館だった。

この旅館から私たちは阪神戦のため甲子園に通い、東映は西宮球場で阪急と戦ったわけだが、リーグも日程も違うので両チームが同宿することはほとんどなかった。

それでもあるとき、東映の遠征で別館に泊まっていた張本が旧館の私を訪ねてきたことがある。私がインコースが好きで、内角打ちを得意にしていたことを知っていた張本が「先輩、インコースはどうやって打つんですか」と聞きにきたのだ。

彼は優れたヒットメーカーだが、ドアスイングでインコースが苦手だった。私は、若いころ早稲田～巨人の先輩だった南村侑広さんから教わったシュート打ちのコツを教えてやった。

「いいか、インコースに来たら思い切り振り回したらファウルになるから、腕を縮めてバットを振り出し、体で回れ。手だけで打ちにいったら絶対打てないぞ」

張本打法の極意は「重心を移動せずに振れ」

歳月は流れ、私の西武監督時代には、所沢の秋季キャンプに野球評論家となった張本を臨時コーチとして招き、「ハリ、うちの選手にバッティングとは何か教えてやってくれ」と頼んだことがあった。

　このとき彼は「自分で苦労してつかんだものを教えたくはないけど、先輩にいわれたらいやといえないな。教えます」といってくれた。

　張本打法の極意は「ステップを大きくすると重心が投手寄りに移動し、目の位置が変わって目線が狂うから、構えたところから少しだけステップして打て」だった。

　張本は外野手の秋山幸二や捕手の伊東勤ら当時の若手選手を、１か月間教えてくれた。その後、秋山は根本陸夫代表が打撃コーチに招いた長池徳士《あつし》の熱心な指導で一人前になったが、基本を学んだのは「張本教室」だった。

監督・コーチ経験がないのは惜しい

「現役を引退したら、体が動く間はコーチとして指導者の勉強をし、年をとって体が動かなくなったら監督をやれ」というのが私の持論だが、バッティングについてよく研究し、あれだけの実績を残した張本がコーチや監督の経験をしなかったのは惜しい。

張本は王貞治と同い年の79歳だから、いまからコーチは無理だろうが、テレビでは毎週、辛口のコメンテーターとして活躍している。

野球中継や新聞では球団や選手に遠慮してゴマスリ解説ばかりの野球評論家が多いなかで、張本は歯に衣着せぬ直言で「喝」を出し続けている。当然、ネット上では「根拠のない暴論」だの「昔の体験だけの老害」などといった批判が多いようだが、私にいわせれば共感できる正論も多い。

たとえば2019年6月に米大リーグ・エンゼルスの大谷翔平がホームランを連発したときも「大リーグはレベルが低くなった」と語って炎上した。

私も著書や連載でメジャーのレベル低下を指摘することが多い。大谷に厳しいことを書くこともあるが、これは大谷批判ではなく「こうすればもっとすごい選手になれる」と球界の先輩としてアドバイスを送っているのだ。

いまのメジャーはレベルが低い

ところがテレビも新聞も雑誌も、大谷がヒットを1本でも打てば大見出しで取り上げ、野球評論家も一緒になって持ち上げている。

私が巨人の選手時代の大リーグでは、ホームランを連発するような強打者には投手が平気で頭の上や背中の後ろに剛速球を投げ込んだ。もちろん脅威となる打者を威嚇するためだが、相手の打者もこの〝ビーンボール〟をスイスイと平気でかわして一塁に歩いたものだ。

ところが最近の大リーグ中継を見ると、大谷が苦手とする内角胸元を速球で攻める投手は少ない。もっぱら外角の変化球で逃げて、リーチの長いローボールヒッターの大谷にホームランされている。つまり昔のエース級のように、胸元はおろか、頭上や背中を通すコントロールを持っている投手がいないということだ。

守備にしても、信じられないようなエラーが多い。私は巨人に入って新人王を獲った後、守備に自信を失って悩んだ時期があった。そんなとき、日米野球で来日した二塁手のドン・ブレイザーを見て「ゴロを確実に捕るには、球が来る前の準備（構え）が大事」ということを学んだ。

彼はのちに南海に来て「シンキング・ベースボール」を唱えて日本球界にも大きな影響を与えたが、私はブレイザーのすきのない守備を見て、自分の守りを確立することができた。

球界のために正論を貫け

そのころの大リーグはたしかに投打のレベルが高かった。そういうと、読者やテレビの視聴者は「当時の日本野球のレベルが低かったのだ。いまの日本野球は進化している」と反論するだろう。

だが全日本チームとして何度も対戦した私や張本が、体験者として「いまのメジャーはレベルが低い」というのだから間違いない。

そしてそれでも、野球界やファンが「日本の野球はメジャーに追いついた」と思うのは早すぎる。

大谷はイチローのように、メジャーに通用する逸材には違いない。だからこそ、大谷と日本野球がもっと進化するために、張本には今後も正論を貫いてもらいたい。

落合博満
弱いチームの監督をして球界に革命を起こせ

Ochiai Hiromitsu

プロ野球は天才の集団である。技術が卓越しているのはもちろん、その個性も、それぞれ独特なのだ。

この場合の「個性」とは、一般社会から見れば「変人」という表現に近いだろう。たとえば私なども、その一人かもしれない。群れない。他人の目や意見を気にしない。「自分が正しい」と思うことはとことん追究し、実行する。野球でいえば基本にこだわり、本質を求める。いい換えれば頑固で、偏屈な人間に見えるだろう。

野球界を見渡すと、一世を風靡《ふうび》し、球史に残る成績を収めた選手には、同じような個性派が多い。その代表格が、史上初の3度三冠王になった落合博満である。

私が引退したのは１９６６（昭和41）年だから、１９７９（昭和54）年にプロ入りした落合と現役時代に戦ったことはない。だが１９８２（昭和57）年から4年間の西武監督時代には、ロッテの落合に何度も痛い目にあった。

バットを立てて構え、内角の球は左に、真ん中はセンター方向、そして外角球は右中間に痛打された。

落合の最大の特徴は、右打者の苦手な外角球を簡単にライトスタンドに打ち込んだことだ。

打撃の基本はセンター返し

落合の本を読んで感心したのは、「オレがライトにホームランを打ったのは、狙って打ったのではない。みんなセンター方向に打つつもりで、たまたま外角に来た球を打ち返したら右方向に入っただけだ」ということを書いていることだった。

インコースもセンター方向、アウトコースもセンター返し。いつでもセンターに打ち返すようなタイミングで打てば、左肩が開かない。つまり、インコースもセンター返しの気持ちで打てばファウルにならずに左方向へのヒットになるのだ。

コーチが指導するとき、「体を開くな」といってわからない選手には「なんでもかんでもセンター返しで打て」といえば、左肩が開かないで打てるようになる。

落合は人の見ていないところでよく練習した。私が西武の監督時代、ロッテ戦で川崎球場に行ったとき、予定より早く着いたのでロッテのスタッフに「打撃練習をしたいので室内練習場を貸してほしい」と頼むと、「いま落合さんがバッティングマシンで打っているのでダメです」と断られたことがあった。

落合はバッティングについてよく研究し、納得がいくまで練習したが、他人のいうことを安易に信用することはなかった。聞いた話だが、現役時代「シュート打ちの名人」といわれた山内一弘がロッテの監督のとき、「シュートはこうして打て」と教えると、落合は「山内さん、打ってみせてください」といったらしい。

マスコミ嫌いも徹底していた。落合は3度三冠王になったが、野球評論家の豊田泰光がインタビューして言葉に詰まったことがあったそうだ。西鉄時代から気が強く、個性派の代表のような豊田が何か質問すると「打ちゃいいんでしょ？」と答えたという。

「人のいうことは真に受けるな」

落合が現役時代に信頼していたのはロッテ時代の監督・稲尾和久だけで、バッティングについては誰の意見も聞こうとしなかった。

「東スポＷｅｂ」によると、２０１９年7月28日に放送された中日応援番組「サンデードラゴンズ」（ＣＢＣ）にＶＴＲ出演した落合は、中日のドラフト1位ルーキー内野手・根尾昂《あきら》について、「まだ1年目だよ。打てるわけねえわ、あのバッティングで。ちょこっと見たけどこの子は打てないと思った。現状では」と厳しい分析をしたという。

しかし落合らしかったのは、「ただひとつ言えることは教えてくれる人のことは真に受けないということだね。守備は教わっていい。バッティングだけは真に受けないこと。潰れていった選手を何人も見てきてるから。たいていが自分のいいところをみんななくして潰れていってる。教える人はそんなこと考えてないから。（打撃に関しては）自分で見つけりゃいいんじゃない」（「中日を惑わす落合氏の『根尾は打てない』発言」東スポＷｅｂ、２０１９年7月29日）というアドバイスだった。

落合の野球哲学は、中日の監督をやめて評論家になってからも変わっていないようだ。

絶好調時の打球はピッチャーライナー

落合のバッティングに対する姿勢と研究の成果は著書を読めばわかる。『勝負の方程式』では「ヒットの打ち方」について、「私の絶好調時の打球は、ピッチャーライナーである」と書いている。

ピッチャーの真ん前に、痛烈な打球を飛ばすことは、もっとも難しい。かなりの技

術がいるのである。それができたということは、すべての面で、私の計算どおりにボールをたたけたことを意味している。（中略）

ピッチャー返しと比べたら、サードゴロを打つことは簡単。どんな球種のボールでも、一〇〇パーセント近い確率で、私は打つ自信がある。

もっともヒットになる確率の高いところは、ピッチャー前である。少々あたりが悪くともヒットになる。これは、内野守備の陣形と関係した理由による。それにもかかわらず、ここを狙ってくる打者はあまりいない。ピッチャー前のボテボテのゴロほど、バッターにとって気色の悪い打球はないからである。自己嫌悪に陥る。（中略）しかし、こんな繊細さと無縁なタフな神経の持ち主だったら、ここを狙うとヒットは稼げる。

（落合博満『勝負の方程式』小学館、１９９４年）

ピッチャー前を狙えばヒットになる、というのはいかにも落合らしい考え方だが、「打撃の基本はセンター返し」というセオリーにはピッタリ合っている。

このあと同書は「ヒットの打ち方の各論」に入る。

バットを多く振った者が勝つ

バットをこの角度で振ると打球はこっちの方向へ、この角度で飛んでいくといった理屈を、まず、頭のなかにたたき込む。そして、次の段階は、この理屈を自分の身体に覚え込ませなければいけない。このためには、練習量を充分にとらなければならないだろう。この段階では、バットを多く振った者が勝つのである。ほかの選手が五百回振ったら、六百回振った選手のほうが勝利する。だから、理屈が頭で理解できたら徹底的に振り込まなければいけない。ほかの選手が千回振ったら、二千回振ってみたらいい。必ず身体が理屈を覚え、表現できるようになるはずだ。（同前）

このくだりも、野球の本質をついている。私も著書によく書くのだが、選手を指導するとき、教えたことを一番早く理解するのは頭のいい東京大学の選手である。だが、頭で覚えたことをすぐ試合で実行するのは難しい。

東大が東京六大学リーグで万年最下位を続けているのは、中学時代から野球漬けの生活を続けている他校の選手と総練習量が違うからだ。

だから東大が強くなるためには、監督やコーチが教えたことを繰り返し練習し、試合でも無意識のうちに動けるよう、体に覚え込ませなければならない。

落合は「ヒットを打つ早道は、自信のあるボールをじっと待つことである」とも書いている。


ピッチャーとバッターとの間は、一八・四四メートルである。この距離間を、時速一三〇キロ以上のスピードでボールが飛んでくる。したがって、自分の間合いと距離感でバットを振ることが大切になってくる。

ヒッティングポイントは、どんな球種をほうられても、一定のところに決めておくことが理想である。このポイントまでボールを引っ張ってきて、ボールが止まったような状態にして、スイングをする。なかなかできないことだが、これがもっとも重要なことなのである。(同前)

これができれば、誰でも三冠王になれるだろう。

「広岡さんこそ監督の鑑だ」

私が１９８２（昭和57）年に西武の監督になったとき、真っ先に選手たちに勧めたのは自然食を中心とした「生活改善と意識革命」だった。

「血液は腸でつくられる」という独特の理論を生み出した医学博士・森下敬一先生は、「病気は血液の汚れが原因であり、浄血こそが万病の根本療法。そのためには玄米・菜食による自然食を続ければ条件反射の能力が高くなり、動作も敏捷《びんしょう》になってケガも減る」といっている。

私はこの理論に感銘していた。巨人に入団直後から師事していた人生哲学者・中村天風先生の「体の細胞の食べ物である血液は弱アルカリ性でなければならない。そして感情（気持ち）が積極的になれば血液は弱アルカリ性になり、消極的になれば血液も病気の元になる酸性になる。だから気持ちの持ち方で健康も運命も変わる」という教養とも通じている。

だから私は主力選手の高齢化と肥満が進む西武を強化するため、春のキャンプでは玄米食を中心とした食事改善を勧め、宿舎ではシーズンを通じて禁酒にした。ただし宿舎の食事はバイキング方式で白米も和洋中の多彩な食事も用意し、自室や自宅での飲酒も黙認した。それでも新聞には「広岡の管理野球」と批判され、選手の一部には不満もあったようだった。

ところが他チームの落合は著書『なんと言われようとオレ流さ』で、私の「意識革命」を理解して「広岡さんこそ監督の鑑《かがみ》だ」と書いている。

> 西武の選手に聞いたら、おそらく全員が広岡（前監督）さんのことをボロクソに言うだろう。でも、オレは広岡さんこそ監督の鑑だと思う。
> 監督という立場の人は、勝つことに全精力をそそげばいいのであって、選手は、勝つための駒にすぎないんだ。正直なところ、あの人の〝勝つ野球〟はすばらしいと思った。

管理野球、管理野球というが、オレは、いまだかつて、ほんとうに管理野球をやったチームはひとつもないと思う。広岡さんの場合もマスコミが勝手に作り上げたものだ。

オレの想像だが、広岡さんがなぜ、玄米食だの豆乳だのと言いだしたかというと、それは選手個々の寿命を少しでも伸ばすためだったに違いない。あと五年の選手を七年なり八年もたせるためにはこういう食生活がいい、という発想からだったんじゃないかな。

玄米とかなんとかいっても、これはあくまでも西武球団が与えた食事であって、それ以外のものは食べるな、とは一言も言ってないはずだ。

ほんとうに管理するのなら、宿舎から一歩も出さないのがほんとうだが、実際は門限の範囲内で自由にできる。その間に肉も食べられれば酒も飲めるわけよ。（中略）

オレに、管理野球をやれというのなら、まず選手全員を鉄格子の中に入れてしまう。で、朝は何時起床で、昼間の何時から何時までは練習で、その後点呼して消灯は何時という具合に、四六時中選手を監視する。これがほんとうの管理野球だろうが、実際にはできっこない。

ホテルや寮にみんなをカンヅメにするわけにはいかないから、結局、管理するのも自分、放任するのも自分だ。いくら人からあれこれ言われても意味がない。

（落合博満『なんと言われようとオレ流さ』講談社、１９８６年）

大谷の二刀流では意見が対立

この本が出版されたのは１９８６（昭和61）年4月だから、落合がロッテの現役時代である。生涯、稲尾を敬愛していた彼が私のような監督を好むはずはないが、私の考え方に野球の本質を追究する落合と通じるものがあったのかもしれない。

だが落合と私の野球に対する考え方には、大きな違いもある。たとえばポスティングシステムで米大リーグのエンゼルスに移籍した大谷翔平の問題である。

私は当初からポスティングシステムと二刀流には反対で、著書や連載で繰り返しその理由を書いてきた。

なかでも二刀流には反対で、「二兎を追う者は一兎をも得ず」という言葉があるように、投打で身体能力の高い人材がひしめいている大リーグでは、どちらか一つを極めるのも大変なのだ。

たしかに一時は優れた長打力を発揮してＤＨ（指名打者）で3番を務めたが、本業であるはずの投手では右ヒジの靭帯損傷を繰り返し、２０１８年オフには私がもっとも恐れていたトミー・ジョン手術（側副靭帯再建手術）を受けてしまった。

マウンドに復帰するのは早くて２０２０年以降になるが、先発ローテーション投手として最速１６５キロの速球が復活するかどうかは未知数だ。しかも2年目、２０１９年9月には左ヒザの手術も受けた。

その大谷の二刀流に落合は「面白い。メジャーで通用するかどうか楽しみだ」と初めから賛成していた。私にいわせれば、監督経験者ならポスティングシステムや二刀流についてもファンの立場ではなく、「日本野球の将来にとってどうなのか」という視点で考えてほしい。

その意味では、史上初の三冠王3度はりっぱだが、監督としてはまだ若い。まだ60

代なのだから、今度は弱いチームの監督を務めて、中日を日本一1度、リーグ優勝4度に導いた経験を、もう一度後輩たちに教えてもらいたい。そうすれば、名実ともに名選手・名監督になるだろう。

実績のある落合をなぜ監督に迎えないのか

落合が中日の監督になって間もなくだったと思う。評論家としての取材で沖縄のキャンプを見にいったとき、落合はサブグラウンドでショートの井端弘和とセカンドの荒木雅博にノックをしていた。選手がやっと追いつくような球際のうまいノックで、私は一緒にいた元巨人監督の川上哲治さんと2時間ほど、見とれた経験がある。落合はこうして、中日が誇る二遊間を育て上げたのだろう。

落合の著書にも、監督経験者らしい緻密な内容が豊富に盛り込まれている。たとえば「体力のない選手には技術を教えるより、10年以上プロで通用する基礎体力をつけさせたほうがいい。体ができている選手にはプロのレベルの技術を。技術のある選手には何も教えないほうがいい」など、選手によってきめの細かい考察と指導法を考えている。

こうした思考は、誰にも頼らず独自の打法を研究・完成した落合独特の才能によるものだろう。野球界は、３度の三冠王と中日時代のりっぱな監督実績を持つ人材を、なぜ監督に迎えないのか。私は残念でならないし、落合にはもう一度監督として「球界に革命を起こせ」といいたい。これからどこで、どんな監督になるのか楽しみにしている。

第4章

西武監督時代

——意識革命の主役たち

江夏 豊 Enatsu Yutaka

プッシュバントで攻略した天敵

パシフィック・リーグで2シーズン制が行われたのは、1973（昭和48）年から1982（昭和57）年までだった。当時は130試合制の公式戦を65試合ずつ前期と後期に分け、前期優勝チームと後期優勝チームが5回戦制のプレーオフを戦った。

私が監督に就任して1年目の1982年、西武は前期を1位で突破したが、後期は3位に終わり、プレーオフで後期優勝の日本ハムとリーグ優勝を争うことになった。

後期の優勝が絶望的になったころから、私はプレーオフ対策に取り組んだ。幹部ミーティングで真っ先に議題になったのが、日本ハムのリリーフエース・江夏豊の存在だった。

江夏は1981年に高橋直樹との交換トレードで広島から日本ハムに移り、大沢啓二監督のもとで19年ぶりの優勝に貢献している。広島時代からセ・パ両リーグで最多セーブのタイトルを連続獲得しているセーブ王である。速球とカーブが武器で、何よりコントロールがいい。西武も1982年、シーズンを通して完全に抑え込まれた。江夏はこの年、55試合に登板して8勝4敗29セーブ、防御率1・98を残しているが、対西武戦は16試合に登板して4勝1敗、8セーブ、防御率は2・77だった。

弱点の足元を突け

危機感を持った私はコーチや選手とのミーティングで、「敵の大将は江夏だ。これは少々のことでは打ち崩せんぞ」と問題提起して対策を呼び掛けた。これに対し「これからプレーオフまでしっかり練習すれば打てるのではないか」というコーチもいた。

選手からも「江夏を想定して左投手を打つ練習を重点的にやったらいいでしょう。練習あるのみ！」と楽観的な声が上がったが、私は「たしかにそうだが、江夏は半年くらいの練習で打ち崩せる投手ではない。だが守備はゼロだから、そこを突こう」と提案した。

そして公式戦の残り試合を消化しながら、連日の作戦会議で私たちが注目した天敵・江夏の弱点は、投げ終わったあとの足元だった。

通算16年目を迎えた34歳左腕は、長年の酷使と肥満で足の動きが衰えていた。「そうだ。江夏の足を狙おう」。そのうえで絞り込んだ攻略作戦が、バント戦法だった。しかも、ただの送りバントでは効果がない。

私が指示したのは、走者が出たら一、二塁間を狙って転がすプッシュバントだった。投手は送りバントの場面では、投げ終わったら三塁側に向かってマウンドを駆け降りる習性がある。一塁線はチャージしてくる一塁手に任せ、サードとともに三塁線のゴロをカバーするのがセオリーだ。

このとき、空いた一塁にはセカンドが入り、二塁は封殺に備えてショートが入る。ここまでは少年野球の選手でも知っている。そこで私たちが考えたのは、一瞬がら空きになる一、二塁間にゴロを転がすプッシュバントだった。

ここまではプロ選手なら誰でもできる。だが作戦の趣旨と、プレーオフの大舞台で確実に江夏を倒すために、私は選手たちにいった。

「バントは、誰もいなくなったマウンドの右側斜面を狙ってプッシュしろ。強い打球を転がせば、センターまで転がって二塁打になる可能性だってある」

私は練習時間がたっぷりある西武球場のホームゲーム前や試合のないオフに、ひたすらこのプッシュバントを練習させた。私は忘れていたが、最近会った当時の遊撃手・石毛《いしげ》宏典《ひろみち》は「あのときはホームベースからマウンドの右と一塁の左に向かってロープを張って、この間に転がす練習をさせられた。あれにはまいった」といっていた。

ロープを張って練習したのは覚えていないが、あのころの江夏を倒すには失敗は許されなかった。

大将・江夏を打ち込んで初の両リーグ日本一

私にとって初めてのプレーオフは10月9日から始まった。西武球場で行われた第1戦は西武・高橋直樹、日ハム・工藤幹夫の先発。右手小指の骨折で試合開始30分前まで包帯を巻いていた工藤を先発させたのは、大ダヌキ・大沢監督の大バクチだった。ところが工藤は七回途中まで3安打無失点の好投で、試合は0－0のまま江夏が救援のマウンドに登った。

西武は八回、先頭・テリーがレフト前ヒットで出たところで、私は片平晋作にあのプッシュバントのサインを出した。片平がこれを決めて無死一、二塁とチャンスを広げ、西岡良洋の送りバントのあと黒田正宏が歩いて満塁とし、代打・大田卓司は江夏の向かって右横を破る中前2点タイムリーを放って決勝点を奪った。

このあと西武は代わった川原昭二を攻めて4点を追加し、大事な初戦をものにした。片平のプッシュバントで意表を突かれた江夏は、この日1回1／3を投げて4安打5失点、自責点4で敗戦投手になった。

第2戦も、江夏は七回無死一塁から先発・高橋里志をリリーフした。日本ハムはそれまで高橋の好投で2－1とリードしていたが、江夏は4人の打者に四球を挟んで2安打を浴び、逆転を許して連日の敗戦投手になった。

第3戦、日本ハムはエース・工藤の完投で1勝2敗としたが、第4戦は西武が7－5で打ち勝ってリーグ優勝を決めた。この日も江夏は九回に登板して三者凡退に抑えたが、すでに手遅れだった。

プレーオフはプッシュバントで江夏を崩した西武が勢いに乗り、結局3勝1敗で日ハムに圧勝。江夏は計3試合に登板したが、西武打線に打ち込まれて0勝2敗。ペナントレースでは西武打線を抑え込んだリリーフエースも、私たちのバント作戦で投球のリズムを崩されたようだ。

江夏を倒して日本シリーズに進出した私たちは中日と戦い、4勝2敗で日本一になった。

私にとっては1978（昭和53）年のヤクルト以来2度目の日本シリーズ優勝で、

セ・パ両リーグ日本一監督となった。

私の知らない間に決まった西武移籍

江夏との縁はその後も続いた。１年後の１９８３年オフ、彼が思いがけず西武にトレードで移籍したのだ。しかし江夏は、私が希望して獲得したのではない。江夏が日本ハムを離れたのは大沢監督から植村義信監督に交代したためといわれているが、江夏の西武入りは、私のまったく知らない間に決まった。

私はこのトレードが決まったとき、管理部長の根本陸夫さんに抗議した。根本さんはチーム編成の責任者で事実上のＧＭだが、トレードの計画を現場の責任者である監督に相談もなく進めるのはおかしいではないか。

そして私の怒りを増幅させたのは、もう戦力としては期待できない江夏に対して西武から出す見返りの交換選手が、これからの成長を期待していた若手投手の柴田保光と木村広だったことだ。しかしすでに球団同士が約束したトレードを覆すことはできなかった。

84年に西武に来た江夏は、その2年前にリーグ優勝を争ったときとは別人のようだった。開幕から調子が上がらなかったうえに体調不良を訴え、二軍生活を経て引退した。

現役最後の西武での成績は20試合に登板して1勝2敗8セーブ。通算18年間の生涯記録は８２９試合２０６勝１５８敗、１９３セーブ。奪三振は２９８７だった。

送りバントの効果を見直せ

プレーオフのプッシュバント作戦で難敵・江夏を倒したのは忘れられない思い出だが、いま不思議に思うのは、最近の監督が勝負を分ける潮目でバントをしないことである。

かつて巨人のＶ９時代、ランナーが出たら手堅く送りバントで進めるので「川上野球は地味で面白くない」と批判された。ファンから見れば、ホームランが飛び交う華やかな空中戦のほうが面白いだろうが、監督にとって一番のファンサービスは勝つことだ。

そのためには、無死や一死で走者が出たら送りバントで二塁に進めれば相手投手に大きなプレッシャーを与えることができる。私なら一死一、二塁でも状況によってはバントで走者を二、三塁に進める。

そうすれば、緊張した投手が暴投するかもしれないし、内野ゴロでもエラーや悪送球で一挙に2点入る可能性もある。

もちろんチャンスにタイムリーヒットを打つのが一番いいが、野球は確率の競技である。追いつく好機や決勝点が欲しい場面では、確実に走者を進めて投手にプレッシャーをかけてから勝負に出るのが効果的なのに、最近は簡単にヒットで勝負を決めようとする監督が多いのは間違っている。

西武が日本ハムとのプレーオフで難攻不落だった江夏を攻略できたのも、初戦のプッシュバントや送りバントでリリーフエースの足元を攻め、投球のリズムを崩したからだ。

田淵幸一
巨体に似合わず気の優しい優等生

Tabuchi Koichi

私が1981（昭和56）年秋に西武の監督に就任したとき、チームづくりのテーマの一つは田淵幸一の再生だった。

当時の田淵は、人気漫画『がんばれ!!タブチくん!!』の主人公のように肥満体で、DH制のおかげで打つだけの選手だった。

私がそんな田淵を一塁手として起用しようと考え、初めてのキャンプでも内野守備の練習をさせたのには意味がある。

「現役をやめて指導者になるとき、打つだけでなく、守備とは何か、走塁とは何かなど、野球のすべてを知っておかなければいけない。そのためにも、現役の間にすべてをやっておきなさい」ということだ。

ところが田淵は開幕後、間もなく「打つだけの選手」に戻ってしまった。

かねてから天才的と思っていたグラブさばきは健在だったが、阪神時代から「お前は打ってくれさえすればいい」と甘やかされた巨体は左右の動きが悪く、それを生かしきれなかったのだ。

代打のプレッシャーで試合中に隠れた

それでも田淵は、驚くほど素直な性格の男だった。私が「少しでも長く充実した選手生活を続けるため、弱アルカリ性の体質をつくる自然食をとろう」と選手たちに勧めた食生活の改善にも率先して取り組み、前期優勝を果たしたころには見違えるほど引き締まった体になっていた。

田淵は、巨体に似合わず気の優しいところもあった。いまでも忘れないのは、阪急と前期優勝を競り合っていた１９８２年６月20日の南海戦だ。３－４で迎えた九回表、無死から立花義家が三塁打したところで、私はベンチスタートの田淵を代打に送ることにした。

ところがベンチを見回すと、田淵がいない。いまはなき大阪球場は当時、ベンチの中央に太い鉄柱があった。よく見ると、田淵はこの柱の裏に隠れていたが、巨体の一部がはみ出していた。

なんとしても勝たなくてはいけない試合の代打はプレッシャーが大きい。田淵が代打指名を避けたいのがわかっていたので、私は本人に告げる前にグラウンドに出て、球審に「代打・田淵」と通告した。

ウグイス嬢の場内放送が聞こえると、田淵はベンチ裏からシブシブ出てきたが、グラウンドに出てからはさすがの千両役者だった。バットをひっさげ「俺が田淵だ！」というようにノッシノッシと打席に入り、金城基泰が投げた内角中寄りのカーブをレフトスタンドにライナーで打ち込んだ。

土壇場で飛び出した劇的な代打逆転2ランはホームラン数単独トップとなる15号。この主砲の一発で西武は3厘差で阪急から首位を奪還し、前期のミラクル優勝に突っ走った。

純粋で素直なスーパースター

この年、私たちは後期3位だったが、パ・リーグ優勝と日本シリーズの出場権をかけた日本ハムとのプレーオフでは田淵が先頭に立ってチームを盛り立てた。

私が感動したのは、ベンチスタートでも「神様、優勝させてください。何もいりません。僕はどうなっても構いません。西武を優勝させてください」と、大きな声で独り言をいう田淵の姿だった。時に田淵36歳。

私はこれまで数え切れないほどの選手を見てきたが、海千山千の多いプロ野球で田淵ほど純粋で素直な男を知らない。

主砲・田淵は、ベンチで祈っていただけではない。短期決戦では第1戦が勝敗の行方を決めることが多い。この初戦で4番ＤＨの田淵は2安打を放って日本ハムを6－0で突き放す原動力になった。

勢いに乗った西武は3勝1敗でプレーオフに圧勝した。プレーオフのＭＶＰは、代打として大事なところで打ちまくった打率・６６７、打点4の大田卓司。全試合で4

番DHを務め、打率・357を残した田淵も優秀選手賞に選ばれた。

日本シリーズで2年連続4番で先発

パ・リーグで就任1年目に優勝した私は、試合後、東京・池袋の球団事務所で開かれた祝勝会でいった。

「今日は難しいことはいいません。2日間、思う存分飲んでください」

選手たちの大歓声と同時に恒例のビールかけが始まると、両手にビールビンを持って真っ先に飛んできたのは田淵だった。10月14日のビールのシャワーは悲鳴を上げたいほど冷たかったが、翌日の新聞に載った写真では、私も田淵もこの上ない笑顔だった。

勢いに乗った私たちは、このあとの日本シリーズで中日を4勝2敗で撃破した。

プレーオフで蘇った田淵は、第1戦から最終の第6戦まで4番一塁で先発して打率・

３３３。翌１９８３年の日本シリーズ・巨人戦でも全７戦に４番一塁で先発して22打数８安打、打率・３６４、ホームラン２、打点６を記録して優秀選手に選ばれている。打つだけの人だったタブチくんは、晴れの日本シリーズに２年連続で４番一塁を守り切り、完全復活した。

私は西武の監督になってから、選手にベストな体調で、できるだけ長く活躍できるよう自然食を中心に肉体改造に努めるよう勧めてきた。田淵は、私がめざした意識革命野球の優等生だった。

秋山幸二

Akiyama Koji

王と同じ日本刀の特訓で40本塁打の大爆発

私が根本陸夫監督の後任として西武の監督に就任したとき、ライオンズは田淵幸一を中心とした主力選手の高齢化という重い課題を抱えていた。そこで真っ先に取り組んだのが、植物性の食事を中心とする生活改善と選手の意識革命だった。

私のチーム改革はリーダー・田淵の率先垂範で実を結び、就任から2年連続でリーグ優勝と日本一になったが、１９８５（昭和60）年の3度目のリーグ優勝は、サードの秋山幸二、ショートの石毛宏典、セカンドの辻発彦、投手の工藤公康、渡辺久信ら若い力が原動力だった。

なかでも忘れられないのは、ホームラン40本で93打点をたたき出した秋山の爆発である。

　秋山は熊本県立八代高校出身で、私が西武の監督になる前年にドラフト外で入団した。１８６センチ、86キロのりっぱな体をしていたが、２年目から３年目にかけて３度、アメリカの１Ａチームに野球留学したために一軍昇格までに丸３年かかった。

　大きな体を持て余すようにレギュラーが遠かった秋山が突然変異を起こしたのは、阪急時代、ホームラン王と打点王を各３度獲得した強打者・長池徳士が打撃コーチに就任した１９８５年だった。

　現役時代から練習熱心で知られた長池は、春の高知キャンプからつきっきりで秋山を指導したがうまくいかないので、秋山を連れて私の部屋に来た。思い余った長池が「どうしても思うようになりません。どうしたらいいでしょうか」というので、私は「日本刀で藁を切れ」とアドバイスした。

刀もバットも反動をつけて振ってはいけない

　現役のころから真剣で居合抜きの稽古をしていた私が、日本刀で藁を切らせようと思ったのは、バットを振るときに反動をつけさせないためである。

実戦でバットを構え、球が来たときに「エーイ」と反動をつけて振り下ろしたら間に合わずに球は通過する。だから刀も、来た球をパーンと切るような体勢をつくっていれば藁を切れる。そうでなければ日本刀で藁は切れない。

私は宿舎の風呂で濡らした藁の束をつくらせ、まず長池に3日3晩、切らせて教えた。やっと長池が刀で藁を切れるようになったので、秋山を呼んで教えることにした。長池に「秋山に切って見せてやれ」というと、「監督さんがやって見せてください」というので、私が秋山にお手本をやって見せた。そして秋山に「こういう心境で切るんだ」とコツを教えた。

「弱いほう（左手）の力に強いほう（利き手）を合わせる。強いほうに弱いほうを合わせたら刀が曲がるぞ。右手の力に左手を合わせると負ける。弱いほうに強い右手を合わせてまっすぐ下ろすとスパッと切れる」

このとき、私が日本刀の練習で教えたのは「無心で打つこと」だった。藁は邪心があったら切れない。バットで反動をつけて打つのは「大きいのを打ってやろう」という邪心があるからだ。邪心を持たなければ反動をつけず、来た球に対して素直にバットを出すことができる。

秋山は藁が切れるようになった翌日からポンポンとオーバーフェンスを打ち出したので、打球が場外に出ないよう、キャンプ地・春野《はるの》球場の外野席に高いネットを張った。

この日本刀を使った練習は、私と同じように居合抜きや合気道を学んだ荒川博さんが巨人で王貞治に一本足打法を教えるときに取り入れたものだ。

王と並ぶ史上最年少の40本

秋山も、この日本刀打法をマスターしてから打てるようになった。この年、秋山は眠りから覚めたように打ち始めて6番サードのレギュラーに定着し、23歳で王と並ぶ史上最年少のホームラン40本を記録してオールスターゲームの常連になった。

西武では石毛宏典や大田卓司にも同じことをやらせた。この日本刀打法は広島のコーチ時代からやらせていた練習だが、秋山への指導が集大成だった。

秋山はその後、１９９４（平成６）年にダイエー（現・ソフトバンク）に移り、現役通算22年で計４３７本塁打、打率・２７０のりっぱな実績を残した。

また２００９（平成21）年からはソフトバンクで王監督の後任を６年間務めて、Ａクラス５度。その後、西武時代の後輩・工藤公康監督が王球団会長の下でソフトバンクの黄金時代を続けている。

工藤公康 Kudo Kimiyasu
ドラフト会議の席で指名を決めた「坊や」

私のところにも、プロ野球界のさまざまな情報が入ってくる。驚くような話もあれば、にわかには信じられない怪情報もある。だが、「やっぱりそうか」と思うような信憑性の高そうな話もある。

２０１９年のＣＳ（クライマックスシリーズ）が終わり、ソフトバンクがパ・リーグ優勝の西武を破って3年連続の日本シリーズ進出を決めたころ、複数の情報源から「工藤監督の評判がよくないらしい」という話を聞いた。

ソフトバンクの監督になってから5年。前年までにリーグ優勝2度を経て3度の日本一も飾ったのだから、そろそろチームの内外から批判的な声が上がり始めてもおかしくないころだが、私はこの情報を聞いて「工藤もやっと一流の監督になってきたか」

とニンマリした。

監督は選手に好かれようと思うな

私はつねづね、監督やコーチのような指導者は「選手に好かれようと思ってはいけない」と思っている。大事なことは、自分がやりたい理想の野球をコーチや選手たちにしっかり示し、そのために妥協のない指導を徹底することである。

私がヤクルトの監督になったとき、いきなり厳しい練習をやらせたので専属トレーナーから「監督、こんな練習を続けていたらケガ人続出で勝てませんよ」と忠告されたことがある。しかし私は、「これくらいの練習でケガをするようなら、もともと勝てっこないわ」と無視して自分のやり方を貫いた。

案の定、それまでぬるま湯の万年Bクラスだった選手たちは陰で批判や不満を募らせたが、半年たって結果が出始めると納得し、「この監督についていけば勝てるかもしれない」と思うようになった。

トレーナーが心配したようなケガもなく、シーズン途中で監督代行になった１９７６（昭和51）年は5位だったが、正式に監督に就任した翌77年は2位、78年には球団創立以来初めてのリーグ優勝と日本一を勝ち取った。

監督の役目は、実家の両親から預かった若い選手を社会人として恥ずかしくない人間に教育し、プロの世界で10年以上は飯が食える選手に育てること。心しなければならないのは、選手に好かれようと思って甘やかさないことだ。

だから私は「工藤の評判がよくない」という話を聞いたとき、「56歳になって、工藤もようやくりっぱな監督になってきたか」と安堵した。

西武が工藤を単独指名できた理由

私と工藤の縁は１９８１（昭和56）年秋のドラフト会議で始まった。ヤクルトの監督を辞めて3年。西武の監督に就任した直後の私は、根本陸夫管理部長を中心に進められていたドラフト作戦にはタッチしていなかった。

ドラフト会議の当日、西武の指名は5位までで、6位が空欄になっていた。編成責任者の根本さんに「6位はいないんですか？」と聞くと「いない」という。私がさらに「なぜいないんですか。アマチュア野球で一番いいのは誰ですか」と聞くと「名電工の工藤が一番いい選手だけど、もう熊谷組に就職が決まっているから、どこも指名しないんだ」という返事だった。

工藤は名古屋電気高校（現・愛知工業大学名電高校）の投手として夏の甲子園大会に出場し、ノーヒットノーランを記録してベスト4まで進んだ逸材である。

おかしな話だと思った私は、「だったら権利だけは取っておかないと今後の交渉ができないから、最後でもいいからとにかく指名して権利だけ取ってください」と頼み込んだ。

根本さんは苦虫をかみつぶしたような顔で「監督がそういうんじゃ、しょうがないな」といって名簿を追加して、工藤の単独指名が決まった。

ドラフト会場で急遽決まった工藤の指名を、他球団やマスコミは「西武と工藤の出来レース」と騒いだが、これが真相である。

そして私には、西武の親会社・国土計画（当時）が熊谷組に工藤の譲渡を働きかけてくれるだろう、という確信があった。西武の監督に就任するときに親会社を調べて、なんでも一生懸命に取り組む会社だというイメージを持っていたからだ。

評判気にせず「工藤野球」を貫け

工藤は大きな目をした頭のよさそうな青年だった。私は「この子は小利口だから、二軍に置いたら首脳陣の目を盗んで手を抜くだろう」と直感したので、春のキャンプから私の目が届く一軍に入れた。もちろん、きれいなフォームから投げ下ろす速球と天下一品のカーブにも魅力があったからだ。

工藤は１年目から中継ぎで起用した。計27試合登板して１勝１敗、防御率３・４１はりっぱな成績だった。２年目も中継ぎが中心で、防御率３・２４と順調に成長したが、３年目の１９８４（昭和59）年は９試合の登板に終わった。

この年、工藤には精神的に甘い面があると思ったので、ハングリー精神を身につけさせるためアメリカの１Ａリーグ、サンノゼ・ビーズに留学させた。

この留学で工藤は、マイナーリーグの厳しい生活を見てプロ意識に目覚めたのだろう。翌年は西武の先発として８勝３敗で最優秀防御率（２・７６）のタイトルを獲り、私の西武３度目のリーグ優勝に貢献した。

あのころ私は彼を「坊や、坊や」と呼んでいたので、マスコミは私が特別扱いしていると思ったらしいが、そんなことはない。金の卵を間違いなく育てるために、そばに置いて目を光らせ、私生活も野球も厳しく鍛えたのだ。

あの「坊や」がプロのマウンドで29年も投げ抜き、通算２２４勝で野球殿堂入りした。監督としては２０１９年も４年連続で日本シリーズに出場し、私の古巣で監督としても宿敵だった巨人を破って４度目の日本一を飾った。周りの評判など気にせずに、「工藤の野球」を確立してもらいたい。

第5章

ヤクルト監督時代

——〝万年Bクラス〟大化けの原動力

若松 勉 Wakamatsu Tsutomu

「缶ビール事件」で生まれ変わった小さな大打者

私がヤクルトのコーチから代理監督に就任した１９７６（昭和51）年は、若松勉が入団して６年目だった。名門の北海高校から電電北海道を経てヤクルトに入り、４年連続で打率３割をマークした。２年目の１９７２年には・３２９で首位打者になっている。

１６８センチの小柄ながら長打力があり、足も速いのだから、身体能力は天性のものだったのだろう。北海道出身らしく酒が好きで、強かった。

私が正式に監督になった77年に、地方遠征のバス移動の途中でサービスエリアに寄った。それぞれトイレに行ったり、買い物をしてさあ出発というとき、後部座席で「プシュッ」と缶ビールを開ける音がした。バックミラーには、若松が休憩所で買い込んだ缶ビールをうまそうに飲む姿が映っていた。

お前なんか、よそのチームなら補欠じゃ！

やがて球場に着き、練習を始めようとしたが、若松がいない。みんながセンターに集まっているところに遅れてきたので「どうした」と聞くと、「足が悪いから包帯をしていたんですよ」というので私はカチンときた。

「なに、偉そうに。足が悪いのにアルコールなんか飲んでいいのか。お前なんか、よそのチームに行ったら補欠じゃ！」と一喝したら、若松の態度がそれから一変した。

それでなくても長年たるみ切っていたヤクルトで、入団以来外野のレギュラーを張ってきた若松は、私に一喝されて驚き、練習でもなんでも率先してやるようになった。

当時のことは若松も覚えていて、雑誌のインタビューで「『おまえ、他のチームだったらレギュラーで出られるか』と言われて、カーっと来てね。この人を見返してやろうと一生懸命に練習しましたね」といっている。

（缶ビール事件があった）77年に2回目の首位打者を取って、チームが2位になりました。78年のシーズンを迎えた頃には「この人を胴上げするために頑張ろう」としか思っていませんでしたね。この人の教えに従えば間違いない、この人に付いていこうと。
（『ベースボールマガジン』２０１８年10月号、ベースボール・マガジン社）

最近のプロ野球を見ていると、選手に遠慮し、好かれようとする監督・コーチが多すぎる。エースだろうが主力打者だろうが、傲慢《ごうまん》になったり気持ちがたるんでいたらガツンと一喝してやったほうが選手のためになるのだ。

センターへのコンバートで連続ダイヤモンドグラブ賞

現役通算19年で通算打率・３１９、本塁打２２０、盗塁１５１。首位打者2度で外野手としてのベストナイン9度、ダイヤモンドグラブ賞2度の若松は、快足を生かして走攻守そろった「小さな大打者」といわれている。その通りの見事な実績を残しているが、私が監督になったときは、まだ守備に問題があった。

当時はレフトを守っていたが、コーチが「若松は守備がへたでしょうがない」といってきた。そこで私は「それはレフトの若松が、投手が投げる球がインコースかアウトコースか見ようとしないから、打球に対するスタートが遅いのだ。センターからなら捕手のサインが丸見えだから、次の打球がどの方向に来るか予想できてスタートも早くなるだろう。センターに替えろ」といって77年にコンバートした。

若松はその年から2年連続でダイヤモンドグラブ賞を獲って、78年のヤクルト初のリーグ優勝と日本一に攻守で貢献してくれた。

突然のセンターコンバートについても、若松は後年、こう語っている。

肩が強くないのにセンターに回され、なんでセンターなんですか、ともめたこともありました。センターは外野の要だし、おまえが引っ張っていけ、ということでした。肩が強くないのはダッシュして素早く返球すればいいと。それからですね、センターも面白いな、と思うようになったのは。（同前）

弱小ヤクルトを日本一に引き上げたチームリーダー

私は4年間、ヤクルトの指揮を執った。荒川博さんの後任としてシーズン途中で代理監督になった76年は5位で終わったが、若松の缶ビール事件があった77年は2位、3年目の78年には日本一に上り詰めた。

選手たちが私の厳しい練習に耐えてくれたおかげだが、長いペナントレースの間には「今日は負けだな」と内心、さじを投げた試合も少なくなかった。

そんなとき、いつも「さあ行くぞ。これからだ！」と声をかけて打席に向かったのが若松だった。そしてチャンスを広げ、タイムリーを放って逆転勝利を呼び込んだ。

万年Bクラスのチームを頂点の日本一まで引き上げた功労者は、小さなチームリーダー・若松だった。

松岡 弘

Matsuoka Hiromu

「ノミの心臓」松岡の頭の中をのぞいてみたい

私がヤクルトの守備担当コーチに就任したのは1974（昭和49）年だった。監督が早稲田大学で1年先輩の荒川博さんで、コーチ陣は1年先輩で捕手出身の沼沢康一郎さんと私と同期の小森光生。いわゆる〝早稲田カルテット〟と話題になった。76年、荒川さんがシーズン中に体調を崩したため、5月から私が監督代行になった。

当時のヤクルトは万年Bクラスで、負け癖がついた選手たちは秋風が吹き始めるとシーズンオフのゴルフの相談を始める無気力集団だった。

翌年、45歳で監督に就任した私には、チーム再建のためにやることが山積していた。まず、だらけ切った選手たちを猛練習で鍛え直し、プロとしての意識革命を図らなければならない。体によくない炭酸飲料を禁じ、キャンプや遠征先での飲酒も許さなかった。

すべては、ヤクルトを常勝巨人と対等に戦えるプロ集団に変え、選手たちに勝つ喜びを味わわせるためだった。

一転した選手指導と猛練習に、コーチ陣から「選手たちがこういっていますよ、あいってますよ」という情報が耳に入ったが、私は「オーナーが私を監督にしたということは、こいつに任せれば勝ってくれるだろうという期待があるからだろう？　だったら、俺のいうことを聞け」と一喝した。

選手に一切妥協しない私のやり方に当然選手たちは反発したが、正式就任から半年たち、勝って結果が出るようになると、黙ってついてくるようになった。新監督の考え方と方針を選手に理解させるには、最低半年かかることを私は学んだ。

チーム再建は「投手強化」の一点絞り

私がチーム再生のために取り組まなければならない課題はまだまだあった。守備もダメ、打撃も弱い、投手陣は……。

気の遠くなるような難題を前に、私がハッと気づいたのは、たくさんの課題を同時に解決しようとするより、最優先のテーマを一つに絞って集中的に取り組むべきだ、ということだった。

この「一点絞り」の戦略は、私が現役を引退したあと、サンケイスポーツの野球評論家として解説記事を書いているとき、当時の運動部長・北川貞二郎さんから厳しく教え込まれたことだった。

「いいかね。あれもこれも書こうとすると文章が散漫になって、君が何を書きたいのか読者に伝わらない。いくつもあるテーマのなかから、いま一番書きたいことを一つに絞って書きなさい」

私は目からウロコが落ちた気がした。野球は70％以上が投手の出来しだいで決まるといわれている。ヤクルトの新監督として真っ先に取り組まなければならないことを考えたとき、私の「一点絞り」は投手陣の強化だった。

そのために私は、巨人を退団後、自費で米大リーグを半年間視察したときに学んだ

「先発ローテーションシステム」を採用・実行した。

　大リーグでは当時も今も5人の先発要員を中4日で回しているが、私も同じようにした。選んだのは、松岡弘を中心に安田猛、会田照夫、浅野啓司、鈴木康二朗である。私は彼ら先発組に「五回まではどんなに打たれても替えない。俺も辛抱するから、お前らも五回まではどんなことがあっても投げ抜け」と宣告した。

　このローテーションシステムの導入で、先発組に「監督は俺を信用してくれている」という自信が生まれ、「チームのために、なんとしても5回以上は投げ抜かなければ」という責任感と連帯感が芽生えたのだ。人間は任されると責任を持つものだということを、私は学んだ。

リードしたら崩れる奇癖

　オーソドックスなオーバーハンドから伸びのある速球を投げ下ろした松岡は、岡山県立倉敷商業出身。高校では、中日のエースで現役引退後は中日、阪神、楽天の監督を務めた星野仙一の1年後輩だった。三菱重工水島を経て１９６８（昭和43）年に当時のサンケイアトムズ（現・ヤクルト）に入団した。

4年目から2ケタ勝利を続け、私がヤクルトの監督代理になった76年には17勝の勝ち頭だった。１８６センチ、80キロのスラリとした長身は投手として理想的な体形で、本格的な速球投手だったが、松岡には奇妙な癖があった。

私やバッテリーコーチの森昌彦を悩ませたのは、0-0や同点の接戦では堂々と相手打線を抑えるのに、味方打線が打ってリードしてくれると別人のように崩れる傾向があったのだ。

私はそんなときマウンドに行き、「しっかりせんか！」と一喝した。そしてあるとき彼を呼んで「どうして味方がリードしたら打たれるのだ」と聞くと、松岡は意外なことをいった。

「味方が打ってリードしてくれたから、点を取られたらいかん、と思って緊張するんです。僅差のときのほうが投げやすいんです」

松岡は、せっかく味方がリードしてくれたのに打たれたらチームメイトに申し訳ないと思うと、緊張して肩に力が入るという。私はあきれてものがいえなかったが、こんな人間もいることが、直接話して初めてわかった。

当時、新聞は松岡のことを「ノミの心臓」とからかったが、私が「松岡の頭の中をのぞいてみたい」と思ったのは事実である。

私が正式に監督になった１９７７（昭和52）年にチームは2位に上がり、翌年には球団創立以来初のリーグ優勝を飾って日本一になった。松岡も先発ローテーションの柱として16勝11敗の活躍で松園オーナーの悲願達成に貢献した。

私はその後、１９７９年の6位を最後にヤクルトを去ったが、松岡は85年まで18年間投げ続け、通算１９１勝１９０敗の成績を残している。２００勝まであと9勝を残して38歳で引退したのは惜しかったが、味方がリードしたら緊張して崩れる〝ノミの心臓〟でなければ楽に２００勝投手になれただろう。

引退後の松岡はヤクルトの投手コーチを務めたあと、クラブチームの西多摩倶楽部、三重スリーアローズの監督を務め、２０１９年からは東京大学の投手コーチを務めている。

40年前、「味方が点を取ってくれたあとに取られたらみんなに悪いから、神経質になる」といっていた速球投手が、東大生にどんな指導をするか大変興味深い。

東大コーチは頭ではなく体で教えろ

万年最下位の東大は「東京六大学リーグのお荷物」と陰口をたたかれているが、私はそうは思わない。お荷物どころか1925（大正14）年に東大が加盟したことで、それまで5大学だったのが東京六大学野球連盟になった。そしてなにより、東大が強くなれば他の5大学の選手たちが「東大に負けたら恥ずかしい」と思って奮起し、結果として六大学野球のレベルが上がるからだ。

野球を教える立場からいえば、監督やコーチが教えたことをすぐ理解するのは東大の選手が一番だろう。だが、技術や理論を頭で覚えても、神宮球場の試合で実行するのは他校の選手に及ばない。高校まで東大受験のための勉強に打ち込んできた東大ナインと、小学校から野球漬けの生活を続けてきた他校の選手とでは、体で覚えた野球の総量が天と地ほど違うからだ。

だからコーチになった松岡も、一言教えて選手が「わかりました！」といっても、安心してはいけない。先生のいうことを生徒が頭で覚えただけで、すぐ試合でやれるわけがないからだ。ここで大事なのは、教えたことを選手に毎日毎日繰り返させて、無意識に実行できるまで体に覚え込ませることだ。

松岡も、私がヤクルトのとき毎日同じことを繰り返し練習させたように、頭脳先行の選手たちに体が覚え込むまで練習させてほしい。そうすれば、選手は無心になり、無欲になり、力が抜けて頭の中が真っ白の状態で自然に体が動くようになる。それまでには時間がかかり、教えるほうも疲れるが、きっと学生たちから教わることも多いはずだ。

これは広島のコーチからヤクルト、西武の監督まで教え続けて日本一までたどりついた私の体験だから、間違いない。

松岡には、長い野球人生と、プロ野球で200勝にあと9勝まで迫った素晴らしい実績がある。東大生に頭で教えるのではなく、四つに組んで体で教えろ。野球の指導には、時間と根気が必要なのだ。今日教えて、明日できるというものではない。

チャーリー・マニエル
「二度とお前を使わない」で奮起した赤鬼

Charlie Manuel

毎年、秋になるとペナントレースの優勝争いの陰で外国人選手の解雇・引退の話が出てくる。２０１９年は、名門・阪神のマウンドに10年間立ち続けたランディ・メッセンジャーの引退発表もタイガースファンに衝撃を与えたが、私にとっては元阪神のエース、ジーン・バッキーの訃報も寂しいニュースだった。外電によれば、腹部動脈瘤手術後の合併症のため祖国・米ルイジアナ州で亡くなったという。82歳だった。

バッキーは１９６２（昭和37）年にテスト入団した。村山実との２本柱として活躍し、2年後には29勝９敗で阪神のリーグ優勝に貢献した。

私も巨人のショートを守っていた時代で、65年6月には目の前でノーヒットノーランを達成された。そして忘れられないのは、68年9月の大乱闘だ。

私が引退したあとだったが、王貞治への内角球をめぐって両軍がもみ合うなかで、バッキーは巨人の荒川博コーチと殴り合い、右手を骨折した。荒川さんは生粋の江戸っ子で気が短いから、愛弟子・王への〝危険球〟に黙ってはいられなかったのだろう。バッキーはこの年のオフ、近鉄に移籍したが、翌69年限りで引退した。通算100勝80敗だった。

ヤクルト初のリーグ優勝と日本一の原動力に

私がヤクルトの監督時代で忘れられない外国人選手は、チャーリー・マニエルである。外野手のマニエルは私が監督代行になった1976（昭和51）年に大リーグのドジャースから入団した。193センチ、91キロの体格で長打力は並外れていたが、ライトの守備はまったくダメだった。

現役を引退後、大リーグを視察した私は、走攻守三拍子そろわなければメジャーに残れないことを知っていたので、ドジャースでは控えや代打だったことが一目でわかった。

マニエルは入団1年目に、後楽園球場での巨人戦で私と衝突した。

たしかヤクルトが1点か2点リードしていた中盤だった。このままでは後半で巨人に逆転される恐れがあり、私はマニエルのライトの守備が心配だったので、そろそろ守備のいい選手に交代させようと思っていた。ただ、次の回に彼の打順が回ってくれば打ってくれるかもしれないと期待して、もう1回様子を見ることにした。

ところがその回、不安が的中した。マニエルの前にポテンヒットが落ちたのだ。普通の外野手なら簡単に捕れるフライだったが、彼は最初から捕る気がなかった。私は即座に交代させた。

このとき、私は先に球審に「ライト交代」を告げてから守備要員をライトに行かせた。アメリカの選手にとって、自分になんの説明もなく交代選手が来たら、公衆の面前で「お前は能力がない」といわれたようなもの。自尊心を傷つけられて怒るが、正式に球審から交代を告げられたら従うしかない。

それでもマニエルは「どういうことだ!」と怒りながら戻ってきたので、試合後、監督室に呼んで「今日はすまなかった」とまず私から謝った。そのうえで、「あんな守備だったら巨人に逆転されるから交代させた。これからもあんな守備をするのだったら、俺はもうお前を使わない」と宣告した。

するとマニエルは顔を真っ赤にして「どうしたらいいんだ」というから、「一生懸命、守備も練習しろよ」と諭すと、「わかった。それなら俺は一生懸命練習するから、これからも使ってくれ」と答えた。

それから彼は練習態度が変わった。それでも急にうまくなりはしないが、外国人選手には筋道を立ててちゃんと話せばわかってもらえる。甘やかすのが一番いけない。

マニエルも1年目は84試合に出場して打率・２４７、ホームラン11本に終わったが、2年目は主軸打者として打率・３１６、ホームラン42本を打ってチームの2位浮上に貢献。翌78年にも打率・３１２、ホームラン39本でヤクルト初のリーグ優勝と日本一の原動力になった。

マニエルは１９７８年を最後にヤクルトから近鉄に移り、ＤＨとして打率・３２４、本塁打37でホームラン王となって西本幸雄監督の近鉄初のリーグ優勝に貢献。翌80年も打率・３２５、本塁打48、打点１２９と大暴れして本塁打、打点の2冠を獲得して西本・近鉄のリーグ連覇の主役を演じた。

81年を最後に引退したが、日本での6年間の通算成績は打率・３０３、本塁打１８９、打点４９１とりっぱなものだった。

引退後は米大リーグのインディアンスやフィリーズなどで12年間にわたって監督を務め、２０１９年には再びフィリーズの打撃コーチに復帰した。渡米した私と再会したときは「日本での経験が勉強になった」といっていた。

外国人選手を甘やかしてはいけない

最近のプロ野球を見ていると、どのチームにも外国人選手がたくさんいる。そして投手陣も打線も外国人選手がいないと戦力が維持できないだけに、監督・コーチも彼らに甘すぎるように見える。

長く大リーグを勉強し、監督やGMとして外国人選手と接してきた経験からいえば、総じて日本に来る外国人選手は、走攻守のどこかに欠陥があるためメジャーでプレーできない選手か、ネームバリューや実績はあっても年齢的に峠をすぎて故障などの古傷を持っている選手である。

一方、選手のほうも、メジャーを諦めて、3Aなどのマイナー級の選手にも高額の年俸をくれる日本に出稼ぎに来る。だから一途にメジャーをめざしているマイナー選手のような真剣味に欠け、契約更新目当てに秋口だけ一生懸命戦う選手が多い。

たとえば元巨人のゲレーロは2019年、終盤戦だけ長打力を発揮したが、中盤までの不振がたたって打率・237、ホームラン21本に終わった。これが中日時代にホームラン王になったというだけで、年俸4億円の価値があるのだろうか。

だから私はマニエルが生まれ変わった教訓から、球団フロントや監督・コーチに「外国人選手を甘やかしてはいけない。やる気のない外国人選手には『もう使わない』と宣告するくらいの厳しい態度で臨むべきだ」と伝えたい。

デーブ・ヒルトン

Dave Hilton

ハングリー精神の塊だったテスト生

マニエルと同じころ、デーブ・ヒルトンという内野手がいた。私がヤクルトの監督になって３年目の１９７８（昭和53）年、ヒルトンはテスト生として春のキャンプに参加した。経歴を聞くと、アメリカでパドレスを皮切りにブルージェイズやインディアンスのファームを渡り歩いたが、メジャーでの実績はないという。

守備はうまくなかったが、背中を丸めてクラウチングスタイルで打つバッティングは引っ張らずにセンター方面に打ち返していたので採用した。

おもにセカンドで使ったが、一時レギュラーだったショートがケガをしたので「ショートができるか」と聞くと、「ＯＫ、ＯＫ」というので使った。

ところがあまりにへたなので「ショートを守ったことはあるのか」と聞くと「初め

てだ」という。驚いて「なぜ初めからそれをいわないのか」というと「ショートをやったことはないが、監督にやれといわれたのはチャンスだから一生懸命やった」というのがヒルトンの答えだった。

ヒルトンは、「大事なのは経験があるかどうかより、チャンスを与えられたら一生懸命やることだ。その結果を評価するのは監督だ」と思っていた。その通りだ。

好物は「卵かけご飯」と「お茶に梅干し」

私は現役を引退後、自費で長期間アメリカの野球を見て回ったので、マイナーリーグの厳しい待遇を知っている。たとえばメジャーリーグのクラブハウスには食べるものがなんでもあるし、遠征に出れば1日100ドル前後のミールマネー（食費）も出る。

ところがマイナーリーグのクラブハウスにあるのは、食パンやポテトチップスのようなジャンクフードだけ。球団支給のミールマネーも当時は1日20ドルくらいで、遠征先ではクラブハウス使用料として1日10ドルほど徴収される。食費の残りは10ドル前後しかないので、選手たちはハンバーガーで腹を満たして少しでも日当を残そうとする。

アメリカでこんな生活をしてきたテスト生のヒルトンが、監督から「ショートができるか」と聞かれたとき、「できません」というわけがない。どんなポジションでも、与えられたチャンスに命懸けで挑戦する外国人テスト生のハングリー精神を見た気がした。

ハングリーといえば、食事のときヒルトンは卵かけご飯を「おいしい、おいしい」といって食べ、茶碗のお茶に梅干しを入れて飲んでいた。彼にとってはそれが〝ジャパニーズスープ〞だったのだろう。

ヒルトンはショートの守備があまりにへただったので開幕後間もなく二塁に回したが、変則打法のバッティングは期待に応えた。おもに1番として128試合に出場して打率・317、ホームラン19、打点76をたたき出し、ヤクルト初のリーグ優勝と日本一に貢献した。

大リーグで使える選手を日本に出すはずがない

時代が移って、いまはメジャーに昇格できない選手を高額の年俸で採用する球団が多い。巨人がいい例だ。２０１８年には中日で前年ホームラン王になったゲレーロを推定年俸4億円で買い取り、19年はパドレスから現役大リーガーのビヤヌエバを2億２０００万円で獲得した。

いずれもクリンナップ候補だったが、19年のシーズンが終わってみれば、打てないビヤヌエバは規定打席数にも届かず途中から二軍落ち。大砲ゲレーロも、終盤でやっと打ち始めてホームランを21本まで伸ばしたが、打率は・２３７でこれも規定打席数に達しなかった。

ヤクルトのヒルトンはショートの経験がないことを監督の私に隠してハングリー精神を発揮したが、最近の外国人選手は日本のプロ野球を甘く見て大金を稼ぎに来る。そして1年目はまじめに働くが、やがて他球団の外国人と携帯電話で「どこの年俸は高い」「どこの監督は甘い」などと情報交換をするようになる。

球界は「メジャーが使える選手を外国に出すはずがない」という鉄則を肝に銘じて、選手や代理人に騙されないよう心しなければいけない。

森 昌彦

Mori Masahiko

選手を育てられなかった名参謀

川上巨人のＶ９時代、常勝・巨人の正捕手の座を守り続けたのは森昌彦（祇晶《まさあき》）だった。県立岐阜高校出身で私より5歳下だが、巨人入団は1年後輩である。

当時の正捕手は強打者だった藤尾茂さんだったが、森は入団5年目の１９５９（昭和34）年に藤尾さんをセンターに追い出してレギュラーの座を奪った。藤尾さんの外野コンバートを決めたのは水原茂監督で、森の守備力を評価したのだろう。

水原さんの後任の川上哲治監督も、捕手としての頭脳、つまりインサイドワークを高く評価し、守りの要として信頼していた。

同世代の私も、現役のころから森と親しかった。森は研究熱心で、インサイドワークにも長けていたが、強肩ではなかった。肩の強い捕手の送球はピューッと伸びてくるが、森の二塁送球は回転が少ないので球が重く、グイーッと来る感じ。これでは高い球が来ると時間がかかるので、私は「ワンバンでいいから低く放れ」といっていた。

当時、球団は慶應の大橋勲や立教の槌田誠など、東京六大学の有力捕手を採用して森と競わせた。このほかにも、宮寺勝利や吉田孝司など有力な若手捕手が多かったが、たたき上げの森は一歩も引かなかった。それどころか、「キャッチャーは俺がいるのに、球団はどうして次から次にいい捕手を入れるのか」と球団の補強策を批判していた。

試合では、投手が打たれてもサインを出した自分の責任は認めず、投手の欠点や投球ミスを首脳陣に報告したので、投手陣の不満は多かった。

不満といえば、大橋が引退して10年ほどして出席した巨人のＯＢ会で、「現役時代、なんとか森さんを追い抜こうと思っていろいろ質問した。森さんも親切に教えてくれたが、すべてウソだったことがあとでわかった」と暴露したことがあった。森の性格をよく知っているＯＢたちは爆笑した。

森は巨人一筋で現役を20年続けた。パスボールが42しかないことから名捕手といわれているが、ワンバウンドは捕れなかった。ミットを上からかぶせるからだが、「あれは俺のいう通りに投げない。捕りやすい球を投げろ。ワンバウンドを投げるやつが悪い」と言い訳をした。

それに比べると、巨人の小林誠司をはじめ、いまのキャッチャーはみんなワンバウンドを捕るのがうまい。もっともフォーク、チェンジアップ、スライダーなど落ちる変化球全盛のいまは、ワンバウンドを捕れない捕手は使えない。いまなら、森は通用しないだろう。

ヤクルトを球団初の日本一にした知恵袋

しかし、森は野球をよく知っているし、捕手として他チームのこともよく研究していた。森は川上巨人のV9まで正捕手の座を守り続け、V10を逃した1974（昭和49）年を最後に現役を引退して退団した。

お互いに時が流れて、私たちが同じユニフォームで再会したのは1977年のオフだった。私はヤクルトの監督に就任してリーグ2位に昇り、さらに上をめざすために森をバッテリーコーチとして招聘した。そして翌78年には、球団初のリーグ優勝と日本一を達成した。

森は、私のそばでよくやってくれた。とくに投手陣には「味方が点を取ったり逆転したら絶対に点をやるな」と厳しくいった。

当時、ヤクルトの課題は、万年Bクラスでしみついた巨人コンプレックスの克服だったが、森は選手たちに「巨人なんか怖くない」と洗脳するのがうまかった。

たとえば巨人が送りバントに失敗すると「見ろ、スリーバントに失敗するということは、バントがへたな証拠だ。バントは一発で決めなくちゃな。お前たちのほうが練習しているから、巨人より上なんだ」と勇気づけた。

私は監督になったときから投手交代は自分で決め、攻撃のサインも自分で出した。森は投手交代に口を出すことはしなかったが、先発投手が「そろそろ交代かな」という状況になったとき、私が隣の森の顔を見ると「誰々の用意ができてます」と適切な報告をしてくれた。そして投手の調子や交代の時期について、私たちの判断や意見が食い違うことはなかった。

　球団初のリーグ優勝と日本シリーズ優勝で日本一監督になった私は、翌１９７９（昭和54）年を最後にヤクルトを去った。開幕から８連敗と低迷したため、佐藤邦雄・球団社長が私に無断でバッテリーコーチの森を解任、投手コーチの植村義信を二軍コーチに降格させようとしたからだ。

　森の解任理由は「選手の評判が悪い」ということだったが、私は「監督の了解もなくコーチを辞めさせるのはおかしい」と反発して佐藤社長と話し合いを続けた。だが交渉は決裂。私は「こんなことでは監督として責任を持って指揮を執れない」といって巨人戦の後楽園球場に行かなかったら、佐藤社長は報道陣に「あの監督は職場放棄した」と発言した。

　私はシーズン中の８月に森と植村とともに退団したが、あの騒ぎは武上四郎を次の監督にしたかった松園オーナーの指示だったのではないかと思う。

西武でも巨人・江川を〝丸裸〟にして日本一

2年後の1981（昭和56）年に西武の監督になったときも、森をヘッドコーチに迎えた。名参謀の森は、ヤクルト時代と同じように私をよく補佐してくれた。忘れられないのは、83年の巨人との日本シリーズだ。私にとっては就任後2年連続の日本一がかかっていたし、相手は現役引退直後から目標だった古巣の巨人である。

私は、巨人打倒のためには全盛期でエースだった江川卓を倒すしかないと思った。前年まで3年連続でセ・リーグの奪三振王で、16勝、20勝、19勝の大黒柱だ。

そこでこの年、スコアラーの尾張久次さんに江川攻略法の作成を頼んだところ、「今年の江川は絶好調で、つけ入るスキがない」という。

「尾張メモ」で知られる〝スコアラーの神様〟もお手上げの江川をどうしたら攻略できるか。困った私が森に対策を相談すると、森はシーズン中の江川のビデオ映像を集めて〝捕手の目〟で分析し、毎日選手たちにビデオを見せて江川の長所と弱点を徹底的に教え込んだ。

森が江川必殺法を見つけてくれたおかげで、因縁の日本シリーズは先発2度、リリーフ1度の江川を攻め込んで白星を与えず、4勝3敗で競り勝った。

選手は根気よく時間をかけて指導すれば必ず成長する

知識はあるし選手を見る目も確かだったが、森の欠点は指導することができなかったことだ。あるとき「お前は『あれが悪い』『これが悪い』と選手の悪口ばかりいうが、悪いところをちゃんと教えてからいえよ」というと、「僕がそんなこと（選手指導）できないことはヒロさんがよく知っているじゃないですか」といった。

もっとも、自分ができることを他の選手に教えないのは、昔から巨人の選手共通の欠点だった。一匹狼の集団である巨人では、みんな必死に練習してレギュラーの座をめざす。そして一度手にしたポジションは、何がなんでも死守しようと努力する。

巨人の監督は選手を育てなくても、力のある選手、調子のいい選手を使っていれば勝てるのだから楽なものだった。巨人のポジションが不動の時代が長かったのは、そんな伝統風土があったからだ。

森も高卒で入団し、長い間、大エース・別所毅彦さんのブルペン捕手で鍛え抜かれて正捕手になっただけに、後輩を指導するという思考回路がないのだろう。

同じ巨人の生え抜きだった私が引退後、選手指導に打ち込んだのは、広島やヤクルトのコーチ・監督体験で、選手は根気強く時間をかけて指導すれば必ず成長することを選手から学んだからだ。

地位と肩書きにこだわった男

私は西武の監督になってから4年間でリーグ優勝3度、日本シリーズにも2度勝って1985年に退団した。長年、私の参謀を務めた森が後任に決まったとき、私は「森は監督になりたかったのだ」とやっと気づいた。彼がそんな気持ちを持っていたとは思いもよらなかったので驚いたのだ。

私に他意はなかったが、森が私から離れていったのは彼が西武の監督になってからだった。キャンプやペナントレースで取材に行くと、他の球界ＯＢや野球評論家とは談笑しても、私が近づくと森はスッと離れていった。

森はその後、西武で9年間に8度リーグ優勝し、6度日本一になった。監督としてはりっぱな成績だが、すでに述べたように野球を知り尽くしているので、私が鍛え上げたチームを指揮して勝つのはうまい。しかし、森が監督として育て上げた選手はどれだけいるだろうか。

誰でも知っているのは、森が監督になった年に入団した清原和博だが、清原は森が育てたのではなく、優れた素質に任せて甘やかし、放任しただけ。その結果が覚醒剤事件につながった。

森は地位と肩書きにこだわる人間だった。私は西武の監督に就任するとき、森を「ヘッドコーチ」として招聘した。その後、直接選手を指導するには担当分野のない「ヘッド」の肩書きがないほうがいいと考えて森に伝えると、「ヘッドコーチを外されると選手がいうことを聞かなくなる。このまま『ヘッド』を残してくれ」と反対した。

そういえば、選手の生活指導に厳しい森はキャンプや遠征中に門限後、選手の部屋を回って在室を確認することが多かった。私が指示したことではないが、選手たちから苦情が出ると「監督命令だ」といってかわした。

同じように監督の名前を使って厳しい指導をしたことは他にも多々あった。私の生活改善方針にそって選手管理に力を入れたのだろうが、私の知らないことまで「監督命令だ」というのは「虎の威」を借りた指導といわれても仕方がない。

森は私の後継として監督になってから3年連続でリーグ優勝した。だが4年目の1989（平成元）年に3位に終わり、堤義明オーナーにシーズン報告に行くと、「監督をやりたければどうぞ」という冷たい対応を受けた。ショックを受けた森は直後に元巨人監督の川上哲治さんを訪ねて進退を相談した。

森はこのとき、川上さんに「監督は誰でもやれる仕事ではない。チャンスがあるのなら続けたほうがいい」と諭されて留任・続投した。翌年からは1994（平成6）年までパ・リーグ新記録となる5年連続リーグ優勝を達成し、在任9年間に8度のリーグ優勝と6度の日本一になっている。

根気よく時間をかけて選手を育てることは苦手だが、できあがった選手とチームを指揮して勝つのはうまい監督だった。

未熟なチームは育てられない巨人型監督

西武の黄金時代を築き、森は１９９４（平成6）年に退任した。

その後、２００１（平成13）年に横浜ベイスターズ（現・ＤｅＮＡ）の監督に就任するが、３位と6位の成績で2年で退任した。敗因は、森の選手起用だった。

監督として初めての弱小球団で森がやったのは、現役時代を過ごした〝巨人の野球〟だった。前に述べたように、巨人は優秀な人材が多かったうえに選手たちのプライドが高く、レギュラーの座をめざして必死に努力した。そして一度手にしたイスを守るために研究と練習を怠らなかった。だから歴代の監督は選手を育てる必要がなく、そのとき調子のいい選手、力のある選手を使うだけでよかった。

西武の黄金時代は、私が築いた基礎の上で成熟したチームを、試合巧者の森がうまく指揮して完成させた。

ところが若くて未熟な横浜では、結果を出せない選手を「お前はダメ。お前もダメ。下でやり直し」と次々に二軍に落としたので、一軍に使える選手がいなくなった。森に未熟な選手を時間をかけて育てる根気と熱意があれば、古巣・巨人の監督も務まるりっぱな指導者になったはずだ。

愛弟子・清原の人間教育を怠った監督責任

たとえば西武時代の愛弟子・清原も、森は甘やかし、放任した。体といい、素質といい、申し分ない素材の清原は、主砲として森・西武の黄金時代に貢献したが、新人王以外のタイトルは獲れず、無冠の帝王で終わった。

一番の問題は、監督が技術以前のプロ野球選手としての人間教育を怠ったことだ。

私がよくいうように、監督は若い選手を親から預かっている。プロの世界で10年以上活躍できる野球の技術を教えるだけでなく、社会人としてりっぱに育てる責任がある。

人気とカネに溺れる清原を甘やかし、人間としての教育・指導をしなかったことが、結果として清原を引退後、覚醒剤逮捕という地獄に落とした。オーナー、フロントとともに、甘やかし、放任した監督の責任は重い。

森が西武の監督を辞めてから25年がたった。今は日本の球界を離れてハワイで余生を送っているが、また私を訪ねてくれれば歓迎する。2人で闘ったヤクルトと西武の話をしよう。

第6章

新時代の達人候補たち

佐々木朗希
Sasaki Roki

１６３キロの怪物は〝大谷二世〟になれるか

大谷翔平に続き、日本球界にまた大きな希望が生まれた。大谷と同じ岩手の県立高校から生まれた速球投手・佐々木朗希《ろうき》である。大船渡高校で最速１６３キロを出した佐々木は、地元はもちろん、全国の野球ファンの注目を浴びながら２０１９年夏の甲子園岩手大会を順調に勝ち上がった。

ところが、甲子園まであと一歩の決勝戦を登板回避して敗退した。佐々木のワンマンチームだった大船渡高校が、大谷など有名ＯＢを輩出した強豪校・花巻東高校に勝てるわけがなかった。

不可解な県予選決勝戦の登板回避

当時の報道によると、32歳の國保《こくぼ》陽平監督は決勝戦後、「投げられる状態ではあったかもしれないが、私が判断した。理由は故障を防ぐため。もちろん本人に『投げなさい』と言えば投げたと思うが、（連投によるダメージ、暑さなどを考えれば）この３年間の中で一番壊れる可能性が高いのかなと思った。私にはその（佐々木起用の）決断はできませんでした」と語った。

身長１９０センチで、花巻東高校時代の大谷翔平より速い１６３キロを投げた佐々木は、この県予選でそれほど疲労困憊《こんぱい》していたのか。

予選を振り返ってみると、初登板の２回戦は先発２回で19球、中１日置いた３回戦は６回93球の完封でいずれもコールド勝ち。中２日置いた４回戦では延長12回を１９４球で完投したが、翌日の準々決勝は登板せず、２日間休養している。

そして７月24日の準決勝では１２９球を投げて完封、翌25日の花巻東との決勝戦は登板を回避して２－12で完敗した。

この間、４試合29回で計４３５球を投げ、９安打51奪三振、自責点２で防御率０・

６２。つまり、１９８４（昭和59）年以来35年ぶりに悲願の甲子園をめざした高校のエースにしては休み休みの登板で、初めての連投となる決勝戦を「故障の恐れがあるので登板回避」したことになる。

みんな甲子園をめざして練習している

このニュースは野球界だけでなく、全国各界で賛否両論の渦を巻き起こして社会問題になった。なかでも私が印象に残っているのは、海の向こうのアメリカでつぶやいたという「甲子園がすべてだと思って取り組むのが高校球児」という大谷の言葉だった。

とくに大船渡の場合、甲子園の夢を失ったのは選手だけではない。

２０１１年3月の東日本大震災で、大船渡市は甚大な被害を受けた。佐々木が生まれた隣町の陸前高田市も多くの犠牲者を出した。当時9歳だった佐々木も、自宅が津波に呑まれて父親と祖父、祖母を失っている。惨事から8年間、復興に努め、佐々木とともに甲子園出場を夢見てきた郷土の人たちの失望も大きいはずだ。

もちろん國保監督も、苦渋の決断だったろう。筑波大学卒業後、社会人クラブを経てアメリカの独立リーグでプレーした監督は、ＭＬＢ（米大リーグ機構）ドラフト1位の投手が故障のためにわずか5年でメジャーから姿を消した現実を見てきた、という報道もある。

また、大学で体育専門学を学び、アメリカで故障の怖さを間近に見た監督は、「佐々木は身長１９０センチで、なお骨は成長中。無理をさせるわけにはいかなかった」という話もあった。

それでも私は、故障でもないエースを決勝戦で温存した監督の判断には反対だ。間違っている。

大器に漂う〝ひ弱さ〟

私が〝大谷二世〟の出現に喜ぶ半面、いちまつの不安を感じるのは、この長身の青年に漂う、ひ弱さである。

たしかに小中学生など、骨格が成長過程の時期は間違った投げ方や無理な練習をさせてはいけない。旧知の整形外科医も、「若いときは骨が成長期で軟らかいから、同じ方向の運動を繰り返すといびつな骨格になる。体の左右が平等に成長するように気をつけなければいけない」といっている。

つまり、「偏らないトレーニングで左右のバランスがとれた体をつくれ」といっているのであって、投手に球を投げさせるなといっているのではない。

「投げすぎで投手の肩は壊れない」

伸び盛りの高校時代にしっかり走り込みと投げ込みで鍛え上げなければ、いい骨にはならないのだ。

骨は筋力が鍛えられて強くなる。これまでも甲子園に勝ち上がってきた投手は、練習や試合で1日に何百球も投げ込んできたはずだ。それがみんな肩を壊したか。

私も巨人の現役時代に戦った球界勝利数トップ3の金田正一（国鉄）、米田哲也（阪急）、小山正明（阪神）は、雑誌の座談会で「投げすぎで投手の肩は壊れない」と口をそろえている。

佐々木の場合、監督は「連投させると壊れる可能性が高いので（起用を）決断できなかった」というが、予選でこんなに大事に使っても「連投して壊れる」としたら、どんな練習をしてきたのだろう。

「球界の宝」になる才能だから壊すわけにはいかない、というのなら話は逆だ。予選で一度も連投できないようでは甲子園に進んでも勝ち残ることはできないだろうし、過保護に育った投手が将来、プロ野球で成功するとは思えない。

県大会の決勝戦登板回避で甲子園の夢を断った佐々木は、その後、日本代表メンバーの一員として参加したアンダー18の世界大会でも、ブルペンで右手の指にマメができてほとんど登板できなかった。

投手にマメはつきものだが、試合で投げられないほどのマメができるのは投げ方が悪いか、練習不足が原因だ。たとえば畳職人のヒジは、畳表にこすりつけるために石のように硬い。投手も練習で指先は硬くなっているはずだ。

指のマメで思い出すのは、旧知の新聞記者から聞いた阪急のエース・山田久志の話である。

山田は右腕がマウンドの土につきそうな典型的なアンダースローだが、記者が「体に負担のかかるアンダースローで、指にマメはできないのか」と聞くと、山田は「僕は若いときからマメができたことがない。体質かな？　触ってごらん」といって右手を出した。その中指と人差し指はなめらかで、投手なら誰にでもあるはずの硬いマメの痕跡はまったくなかった。

私はこの話を聞いて、投手の本質を見たような気がした。山田はマメができにくい体質というだけでなく、地をはうような変則フォームでありながら、球を放すリリースの仕方、つまり投げ方が正しかったのだ。

日本最速のスピードよりコントロールを磨け

佐々木も、1年目はしっかり走り込んで下半身と体幹を鍛え、正しい投げ方で完投できるだけの投げ込みをして指のマメを固めることが大切だ。そして技術的には、大谷が日本ハムで記録した日本最速165キロのスピードに追いつき追い越すだけでなく、投手の生命線である外角低めにいつでも投げられるコントロールを身につけることが先決だ。

佐々木は高校時代に163キロの速球を投げたというが、いつでもこのスピードで投げられるわけではない。またかりに160キロ台の速球を連投できても、スピンの利かない棒球なら、プロの打者は誰でも打ち返すことができる。

私も日本シリーズで何度も対戦した南海の杉浦忠や先述の山田は、アンダースローといっても直球が打者の手元でグイッと伸びる本格的な速球投手だった。

問われるロッテ・井口監督の指導手腕

佐々木は巨体の割にはひ弱に見える。それでも秋のプロ野球ドラフト会議では、日本ハム、ロッテ、楽天、西武の4球団が1位指名で競合してロッテがクジを引き当てた。問題はこれからプロの世界で、佐々木の速球がどこまで通用するかだ。

あの若さで指にマメができるというのは、投げ込みが足りない証拠だ。マメができてもそのままどんどん放れば指先の皮は強くなる。だいいち、20歳前後で「あそこが痛い、ここが痛い」という選手はダメだ。投げ込みをして肩を痛めるようでは投げ方が悪い。

その意味でも、キャンプで井口監督と投手コーチがどれだけ正しい投げ方を教え、下半身を鍛えることができたかが、大器・佐々木の投手人生を決めるだろう。

メジャーよりまず日本一の投手をめざせ

佐々木はロッテ入団が決まったとき、郷里・岩手県の先輩で米大リーグ・エンゼルスの大谷翔平を「追い越していきたい」と述べた。２０１９年12月の入団会見では、「憧れの選手」はヤンキースのエース・田中将大と語っている。

佐々木の将来の夢がメジャー入りであることは明らかだが、まずめざしてほしいのは日本のプロ野球で通用する投手になること。日本のプロ野球でナンバーワンの投手になってから、夢の大リーグに挑戦すればいい。

若者の夢と目標が大きいのは結構だが、足元をしっかり固めなければ、アゴが上がって転んでしまう。

阿部慎之助

Abe Shinnosuke

監督として巨人野球を厳しく教えろ

長い間、巨人の４番を務めた阿部慎之助が、40歳でユニフォームを脱いだ。引退後、初めて迎えた２０２０年のキャンプでは、二軍監督として若い選手たちの指導に汗を流した。

名門・巨人には初代の藤本定義さんから現在の原辰徳まで、12人の監督がいる。このなかには、前任の高橋由伸のように現役から即監督に就任したり、助監督やコーチを務めた監督はいるが、二軍監督を経験した者はいない。その意味では、ポスト原の最有力候補である阿部が二軍監督として指導者の勉強をするのはいいことだ。

もっと早く引退して指導者になるべきだった

私はこれまでにも著書や連載で、代打要員としてベンチに座っている阿部に「早く引退して指導者になれ」と書き続けてきた。

激務の捕手として投手をリードしながら、王貞治の868本、長嶋茂雄の444本に続き球団生え抜き選手として史上3人目の通算400本塁打を達成した4番打者が、捕手のポジションを奪われ、一塁まで若い岡本和真に明け渡してベンチに座っている姿を見るのは忍びなかったからだ。

阿部が40歳まで現役を続けたことを評価する声は多いが、私はそうは思わなかった。スポーツマンは誰であれ、レギュラーとして試合に出ることが生きがいであり、ベンチスタートで出番を待つ辛さは経験者にしかわからない。

それなのに、一時は6億円もあった年俸が最後は1億6000万円まで下がってもなお現役にこだわったのはなぜなのか。両リーグで監督を務め、多くのスーパースターを見てきた私もわからない。

川上さんが見せた「４番の責任と誇り」

私が阿部に「早く引退して指導者になれ」と勧めたもう一つの理由は、これがもっとも大事なことだが、「４番の誇り」である。

私が巨人でショートを守っていたときの４番はいうまでもなく、打撃の神様・川上哲治さんだった。

私は新人のころから一塁の川上さんとエースの別所さんからいじめ抜かれた。だがいまから思えば、先輩たちが私に厳しく当たったのは虎が子どもを谷底に蹴落とすように、生意気な新人がプロで生き抜くための教育だった。

私たちは１９５６（昭和31）年から3年間、日本シリーズで西鉄に負け続けた。ライオンズの若きエース・稲尾和久にことごとく抑えられ、3年目の3連勝４連敗は屈辱の歴史として語り草になっている。

先述のように、４番の川上さんはこの3年目の試合中、「俺が打てないことで巨人が勝てないのなら、みんなに申し訳ないから俺は試合に出ない」といい出した。私たちが取り囲んで説得し、川上さんは気を取り直して出場を続けたが、私はその悲痛な姿に巨人の4番の「責任と誇り」を見た。

王も「チームに迷惑がかかる」と30HR打った年に引退

時代はくだって、868本の本塁打世界記録を樹立した王が1980（昭和55）年を最後に引退したときも、「王貞治としてのバッティングができなくなった」と決断の理由を語った。

後日、「後楽園の中日戦で先発・戸田（善紀）君の球がすごく速く見えた。以前の自分なら打てるはずの球が打てなくなったので『ああ、俺ももうおしまいかな』と思った」と振り返っている。

この年、王は長嶋巨人の4番打者として打率・236、本塁打30だった。普通の選手ならまだまだ続けられても、「巨人の4番」の誇りが選手生活22年間、40歳での引退を決断させたのだ。

２０２０年の産経新聞のインタビュー連載「話の肖像画」で、王は当時の心境をあらためて語っている。

> 大リーグのハンク・アーロンの記録を抜いたと騒がれた７５６号（52年9月3日）の頃はまだ37歳。体力的にも全然やれるという気がしていた。その年も50ホーマーしたし、僕自身43歳までやる予定だった。現役生活25年間という区切りもあったので。辞める年（55年）の8月までは、そのつもりだった。でもいままで何とも思わなかったボールが速く見え始めた。１３０キロに満たないような速球に差し込まれた。動体視力が急激に落ちてきたんです。
>
> やはり４番打者が４番の仕事ができなくなったらチームに迷惑がかかる。辞めた方がいいかな、と思ったときから、そういう思いがどんどん強くなっていった。でも打っ

たときは「まだいける」という気持ちにもなった。揺れ動きました。最後の最後まで葛藤の連続でした。一度辞めたら、戻れない世界ですからね。（中略）最終年はホームラン30本。周りからは「30本も打ってるのに…」ともいわれました。バットを置く寂しさはありましたが、王貞治としてのバッティングができなくなったということです。

（『産経新聞』2020年1月15日）

二軍から名門再建を果たせ

このときの王の心境と決断は、かつて西鉄との日本シリーズで出場辞退を決意した川上さんと同じである。個人の欲や利害より「4番としての責任と誇り」が優先している。

だから私は、「阿部も4番を打てなくなったら引退して指導者になれ」と書いてきた。

私がいつもいうように、人間は加齢とともに体力が落ち、生まれつき備わっている自然治癒力も衰えてくる。ベンチで恥をさらしてでも野球を続けたいなら、独立リーグに行ってプレーを続けるしかない。それができないのなら、王のように自分の立場と限界を悟って、もっと早く引退すべきだった。

私にいわせれば遅すぎる引退だったが、これからは二軍監督として後輩を厳しく指導することで「教えることの難しさ」を学び、近い将来、一軍の監督になったとき、名門・巨人軍の再建に生かしたらいい。

甲斐拓也

Kai Takuya

私が考えるソフトバンク3連覇の真のMVP

２０１９年の日本シリーズはソフトバンクの４連勝であっけなく終わった。ＭＶＰは４試合で３本のホームランを飛ばしたソフトバンクの内野手・グラシアルだったが、私の考える真のＭＶＰは、捕手として巨人の生命線である坂本勇人と丸佳浩を抑え込んだ甲斐拓也だ。

この超短期決戦で、巨人の２番・坂本と３番・丸はともに打率・０７７で、ホームランは１本もなかった。しかしあらためていうまでもなく、巨人が５年ぶりにリーグ優勝し、６年ぶり35度目の日本シリーズに進出できたのは、この〝サカマル〟が打線を牽引したからだ。

ところが日本シリーズでは、ソフトバンクのバッテリーがこの２人を徹底的に抑え込み、分断した。なかでも見事だったのは、捕手の甲斐が坂本の得意とする内角を攻め抜き、エース・千賀《せんが》滉大《こうだい》をはじめ投手陣がそのサインに応えたことだ。だから私は、司令塔の甲斐に、２０１８年に続いて2年連続のＭＶＰを与えたい。

武器は肩より絶妙なコントロール

甲斐は２０１０年オフ、大分県楊志館高校から育成選手として入団した。17年から一軍で１００試合以上出場して正捕手になり、8年目の18年、日本シリーズでブレイクした。

このシリーズでは打率・１４３だったが、広島を相手に6連続盗塁阻止でシリーズ新記録をつくり、１００％の盗塁阻止率を達成した。

ペナントレースでセ・リーグ1位の盗塁数を誇る広島を完封した甲斐をマスコミは「甲斐キャノン」と呼んだが、私は甲斐を強肩とは思わない。彼の最大の武器は、二塁ベースに百発百中のストライクを投げ込む絶妙なコントロールである。

私は現役時代、巨人のショートだった。その経験からいえば、盗塁を刺すのは送球のスピードよりコントロールだと思っている。走者一塁のとき、投手がクイックモーションで投げてから、捕手の送球が二塁に届くまでの目安は３・２秒だが、捕手からの送球が１メートル横にそれたり高すぎたら、タッチするまでにさらに０・４秒ほどかかる。これではどんな強肩捕手もアウトにできるはずがない。

身長１７０センチでペナントレースの打率が２割３分程度の捕手が最強軍団・ソフトバンクの正捕手になれたのは、育成時代から黙々と制球力を磨いてきたからだろう。

ソフトバンク黄金時代を築いた三軍制度

育成選手といえば、甲斐をもっとも信頼しているエース・千賀も育成出身である。愛知・蒲郡《がまごおり》高校出身の千賀は甲斐と同期入団の本格派で、２０１６年から19年まで４年連続２ケタ勝利を続けている。19年は奪三振のタイトル獲得とノーヒットノーランも達成した。

ソフトバンクの日本シリーズＶ３で際立ったのは、主力選手の負傷欠場が多いなかで控え選手が活躍する層の厚さである。その象徴が育成出身の千賀－甲斐のバッテリーであり、それは三軍専従のスタッフが充実した練習施設で育成選手を指導してきた成果だった。

米大リーグに比べてファーム組織が質量ともに貧弱な日本で、初めて三軍をつくったのは巨人だった。１９９０年に生まれた巨人の三軍は2年しか続かず、西武も92年だけ三軍を置いたことがあった。

だが育成ドラフトが生まれた２００５年からは、二軍の一部を実質三軍として若手選手の育成や故障者のリハビリ・調整を行う球団が多くなった。

毎年25人前後の育成選手を抱えるソフトバンクは、２０１７年から三軍監督と７人の専従コーチが三軍スタッフとして育成選手の指導に当たってきた。２０２０年時点ではソフトバンク、西武、巨人、広島の４球団が正式に三軍を設置しており、21年にはオリックスも続くという。

求められる三軍スタッフの指導力

どの球団も、高額の資金を投じてFA（フリーエージェント）やトレードで他チームから選手を補強するだけでなく、ドラフト会議で獲得した選手を育てることに力を注ぐのはいいことだ。しかし育成選手や三軍の実態を見ると、練習より各地の独立リーグや社会人チームなどとの試合でスケジュールが埋まっているチームが多い。

「練習も大事だが、試合で実戦経験を積ませたほうが成長する」ということだろうが、三軍と二軍では意味合いが違う。

二軍では一軍昇格をめざしてイースタン・リーグなどで実戦の経験を積むことも必要だが、未完成の選手が多い三軍は基本をしっかり教えて素材を育て上げるところである。三軍の役目と意味を間違えないよう、監督・コーチの野球知識と指導力が求められる。

大谷翔平 Ohtani Shohei
二刀流復活を阻むケガ体質と肉体改造

2020年は米大リーグ・エンゼルスの大谷翔平が投打二刀流の復活をめざすシーズンでもある。

2019年9月13日に左ヒザの手術で戦列を離れた大谷は、2月からアリゾナ州テンピで始まったスプリングキャンプで二刀流の調整を行い、レギュラーシーズンが始まったらマイナーリーグで調整登板をしながら公式戦に打者として出場するという。

2018年10月に右ヒジのトミー・ジョン手術を受けたときは、マウンドへの復活は1年半後以降といわれていた。

その後、ビリー・エップラーＧＭは２０２０年２月のキャンプで「投手復帰のメドは５月中旬」と語ったが、日米の野球ファンが期待する二刀流は完全復活するのだろうか。

現実になった〝ケガ体質〟

私がポスティング渡米のときから大谷の二刀流に不安を感じていたのは、１９３センチの巨体に潜む〝ケガ体質〟だった。これは結果論ではなく、一連の著書や連載で当初から指摘してきた問題だ。

大谷は２０１８年の開幕から投打の二刀流で華々しい活躍を見せたが、同年６月には右ヒジの靭帯損傷で故障者リストに入り、シーズン終了直後の10月１日にトミー・ジョン手術を受けた。

２０１９年はＤＨとして打撃に専念し、１０６試合で打率・２８６、18本塁打を放った。その一方で投手としてのリハビリを進め、球速も１３８キロまで上がってきた。その矢先のヒザの故障だった。

症状は「ヒザの皿」が２つに分かれる二《に》分《ぶん》膝蓋骨《しつがいこつ》。ＧＭによると、大谷はキャンプ中の２月に痛みを訴えて精密検査を受け、ＤＨでの出場には支障がないと判断されたが、シーズン中にも何度か痛みがあったという。

８月６日には７度目のブルペンに入り、ヒジの手術後最多の50球を投げたというニュースがあった。打ったり走ったりするには支障がなくても、左ヒザに体重がかかる投球練習が増えるにつれて、分裂したヒザの皿が悲鳴を上げたのだろう。

報道によると、通常は３つの骨が一つになってヒザの皿を形成しているが、まれに上部外側の骨が先天的に離れていることがあるらしい。これは人口比２％未満の珍しいケースだという。

投打の基点・ヒジとヒザ

右腕投手として右ヒジと左ヒザは全力投球のとき大きな負担がかかる「基点」であ

り、球威の原点といえる。また左ヒザは、左打ちにとっては投球を待つテークバックと打球を打ちにいくインパクトの際、打撃にとって一番大事な軸（重心）を支える基点でもある。

エンゼルスも、専属の医療チームとコーチ陣が細心の注意を払って球数制限など投打の調整スケジュールを組んでいるが、二刀流への復活はマスコミやファンが期待するほど甘い道のりではない。

大谷の〝ケガ体質〟は、いまに始まったことではない。

高校時代は２０１１年、２年生のとき、夏の練習試合で座骨関節の骨端線を損傷。日本ハムでは16年の日本シリーズで右足首を痛めて17年10月に手術した。17年４月には走塁中に左太ももの肉離れでも約３か月戦列を離れている。そして18年はあの右ヒジ靭帯損傷で大手術を受けた。19年の左ヒザで、３年連続の手術である。

そもそも私は、大谷が２０１７年11月に「ポスティングシステムを使って米大リーグをめざす」と発表したときから、渡米と二刀流に反対してきた。大谷には身長

193センチの恵まれた体があり、最速165キロを投げる日本球界の至宝だからだ。

大谷は2016年、日本ハムで投打に活躍してリーグ優勝に貢献したのに、規定投球回・規定打席ともに届かず無冠だった。日本人では誰も投げられなかった165キロの速球を投げ、将来は400勝投手・金田正一と並ぶかもしれない大器が、二刀流で中途半端な成績に終わるのは「才能の無駄遣い」と思った。

これらの主張は当時、「幻冬舎plus」の連載で書き、『日本野球よ、それは間違っている！』にも書いた。

そしてこの本では、「二刀流はメジャーで通用しない」「故障続きの大谷はMLBで生き残れるか」「二刀流を封印して下半身を鍛え直せ」といったことも書いている。

いうまでもなく、才能と人柄に恵まれた大谷が憎くて批判しているのではない。日本球界が生んだ100年に1人の逸材が大成するために、「こうすればもっとよくなる」と願って書いた忠告である。

肉体改造は間違っている

　早いもので、大谷が大リーグへ行って3年目を迎えた。新人王に選ばれるなど華やかな活躍の半面、ケガや手術と闘ってきた波瀾万丈の2年間だった。２０２０年はヒジのトミー・ジョン手術から1年半のリハビリを終え、5月には投打二刀流が復活する予定だったが、大谷の前途は洋々とはいえないようだ。

　復活のシーズンを迎えた大谷が日米のメディアとファンを驚かせたのは、筋骨隆々の肥大化した上半身だった。

　アリゾナ州テンピのスプリングキャンプで野手組と合流して3日後の2月19日。ノースリーブのシャツで練習後の取材に応じた大谷は、丸太のような二の腕で肩が丸々と盛り上がっていた。

　ポパイのように変身した大谷には賛否両論がある。「二刀流復活のメドは5月中旬」と宣言したエップラーＧＭは、「より体の厚みを増すことは、（２０１８年に）手術した右肘へのストレス軽減になると信じている。同時に、動きの滑らかさや可動域は損なわれることなく、グラウンドでのパフォーマンス向上に直結するはずだ」（「エンゼルス大谷翔平〝スーパー二刀流〟も視野」中日スポーツ、２０２０年2月27日）と喜んだ。

４００勝投手・金田の左腕は柔らかかった

しかしそうだろうか。２０１９年10月、86歳で亡くなった４００勝投手・金田正一に続く逸材だと大谷に期待している私は、すぐ金田のことを思い出した。金田は国鉄のエースとして、巨人の現役時代の私と対戦してきたし、１９６５（昭和40）年に巨人に移籍してからはチームメイトとしてともに戦った。

印象的だったのは、金田がよく走っていたことだ。そして登板がないときは、試合前の練習後、裸で入念なマッサージを受けていた。その体は色が白く、肩も腕も餅のように柔らかかった。

１８４センチの長身から投げ下ろすフォームは全身を使ってゆったりとしなやかで、

１９５８（昭和33）年の開幕戦で巨人の新人・長嶋茂雄を４打席４三振に討ち取ったときも、全力投球には見えなかった。

あらためていうまでもなく、体が大きな投手ほど下半身にかかる負担が大きい。金田は生前の講演で、「投手は下半身をコンクリートで固めて投げているようなもの。逆に両足をそろえて力いっぱい投げたらフラフラして腕を骨折する」と語っていた。彼がいいたかったのは、「走って走って下半身を鍛えなければ、速い球は投げられない」ということだ。

そして金田があれだけの成績を残せたのは、下半身を鍛え上げて上下のバランスがよかったからだ。

大谷も１９３センチの巨体のわりには体が柔らかく、全身がしなるようなオーバースローだからこそ、日本ハム時代、日本最速の１６５キロを出すことができた。ただ金田と違うのは、下半身のケガが多い体質ということだ。この体質が、ヒジの手術につながった可能性は否定できない。

上半身の筋力強化でバランスが崩れる

私がいつもいうように、筋肉には柔らかくて細い筋肉と太くて強い筋肉がある。瞬発力が必要な野球選手には前者の細い筋肉が適し、分厚い胸板や太い首が必要なプロレスラーには硬くて太い筋肉が適している。

45歳まで大リーグの一線で活躍したイチローも、一時はパワーをつける筋力強化のトレーニングをしていたが、自分のバッティングになじまないことに気づいてやめたという。

大谷の選択とトレーニングが正しかったかどうかは、マウンドに復帰後、手術前のようなしなやかな投球ができるかどうかでわかる。結果がよければ結構だが、そうはならないだろう。バランスが悪いからだ。

打ち方がおかしい

２０２０年は新型コロナウイルスのパンデミック（世界的大流行）で、スポーツ界も大混乱だ。ＭＬＢは3月26日の開幕を大幅に延期した。

大谷はオープン戦にＤＨとして出場しながら、ブルペンで投球練習を続け、開幕が延期になってからは本拠地・アナハイムで投打の調整を続けたが、私は投手としての調整の遅れより、打つほうが心配だ。

大谷はオープン戦が中止になるまで19打数2安打、打率・１０５と低調だったが、オープン戦の成績で一喜一憂する必要はない。私は巨人を引退後、何度も渡米して大リーグを視察してきた。そこで見たのは、キャンプや開幕直後には打てなかったバッターが、開幕1か月後から別人のように目を覚ます姿だった。

今年の大谷も、気をもむ日本の報道陣に「例年、春先はよくない。日本のときからそうでした」と余裕を見せていたが、3月初めのニュース映像でそのバッティングを見て、私は「これはおかしいぞ」と思った。以前までのスロースタートとは違うことに気づいたからだ。

不振の原因は〝2段打ち〟

２０１９年までは打つタイミングが一つで、準備して（構えて）パッと打っていた。しかし２０２０年は準備して、球が来てからさらに反動をつけて振る。だから差し込まれて打てないのだ。

大谷のメジャー打撃成績は２０１８年が打率・２８５、本塁打22で新人王。19年も打率・２８６、本塁打18だった。彼は大リーグでも打てる素材を持っているのだから、オープン戦では勘違いをしていただけだろう。

コーチがちょっと教えてやればすぐ打てるようになるはずだが、アメリカでは選手が聞きにこなければ教えない。日本と違って多民族社会だから、コーチが特定の選手に教えると、「なぜあいつにだけ教えるのか」と他の選手からクレームがつくので、コーチのほうからは教えないのだ。

もしこのまま投手の〝2段モーション〟のような打ち方で開幕を迎えたら、これまでのようには打てないだろう。しかし今年は新型コロナ問題で開幕が大幅に遅れた。これからでも大谷が勘違いに気づけたら、「災い転じて福となす」ことができる。

イチロー Ichiro Suzuki

日本選手は徹底した自己管理に学べ

「最低でも50歳までは続けたい」と語っていたイチローの現役生活は45歳で終わった。

２０１９年３月21日、東京ドームで行われた米大リーグのレギュラーシーズン開幕第２戦。マリナーズ対アスレチックスの第1戦に続いて9番ライトで先発したイチローは、八回裏の守備についたところで交代を告げられ、米国で19年目、日米通算28年の現役生活に幕を下ろした。

拍手と歓声が鳴りやまない満員のスタンド。延長十二回、マリナーズが5－4で勝ったあとも、ファンは「イチローー！」と連呼し、やがてイチローウェーブがスタンドを巡った。

試合後、ロッカールームで記者会見の準備などをしていたイチローは、最終電車を気にしながらも帰らないファンのアンコールに呼び戻されるようにベンチ前に姿を見せた。スタンドを見回したイチローは、やがて手を振りながら笑顔でグラウンドを一周して、駆けつけた日本とアメリカのファンに最後の別れを告げた。

監督就任拒絶は日本プロ野球への不信感

このあと、球場内で記者会見が行われた。印象的だったのは、「引退後は監督になったり、指導者になったりするのか？」と聞かれたとき、「監督は絶対無理。人望がないんですよ、僕」と語ったことだが、イチローが引退後、祖国で監督になる気がないのは、日本のオーナーは人気優先でスーパースターを監督に招聘しても、結果が出なければすぐクビにすることを知り抜いているからだ。

私はイチローやヤンキースで活躍した松井秀喜らが引退後、帰国して日本のプロ野球の指導者になることを期待していた。

大リーグは中南米を中心に3割もの外国人選手がいる多民族社会である。いまなお人種差別がはびこるなかで、日本人選手としてりっぱな実績を残した彼らが、その厳しさも含めて自分が体験したことやメジャーの技術を若い後輩たちに教え、日本の野球発展に寄与してほしいと願っていた。

ところが彼らは、引退しても古巣のマリナーズやヤンキースに残った。日本の球界、つまりコミッショナーとオーナーたちは、メジャーで成功した日本人選手が祖国の指導者にならない事実を真摯に分析、反省すべきではないか。

記録男の成功の秘密は「柔らかさ」の維持

イチローは日本人として、大リーグで大きな足跡を残した。球史に残るおもな記録は次の通りである。

●3000本安打

●新人王
●ア・リーグ最優秀選手1度
●首位打者2度
●盗塁王1度
●シーズン最多安打記録（262安打）
●10年連続シーズン200安打
●シーズン最多安打7度
●10年連続オールスター戦出場
●10年連続ゴールドグラブ賞

日本人として初めての米国野球殿堂入りが間違いないといわれるイチローの記録を挙げればキリがないが、彼が19年間にわたってメジャーで活躍できた最大の理由は、徹底した自己管理である。

イチローは多くの名言を残している。なかでも私が印象に残っているのは、この言葉だ。

丈夫というものを考えるときに、強さ、大きさ、硬さという発想をする人が多いと思いますけど、僕はまったく逆の考え方。『丈夫＝柔らかさ』であると思っている。あとはバランスですよね。こういうふうに考えると、日々の体の使い方とか鍛え方も含めて、大きく変わってくる。これによって僕という選手がいまあると思います。

（「イチロー　３０００本の軌跡」ＮＨＫ　ＢＳ１、２０１６年８月13日放送）

これはイチローが２０１６年に３０００本安打を達成したときに語ったものだが、インタビューを受けた自宅のトレーニングルームには日本から取り寄せたというさまざまな機器が並んでいた。イチローはこの部屋で毎日、股関節を広げ、試合で守備についたときは必ず足を左右交互に伸ばす屈伸運動を欠かさなかった。

イチローが日本で７年連続首位打者となり、２００１年に野手として初めて大リーグに挑戦したあとも、多くの日本人選手が海を渡った。

今後も巨人のエース・菅野智之からロッテの新人投手・佐々木朗希まで、多くの有力選手が将来のメジャー移籍をめざすだろうが、夢を追うだけでなく、なによりもイチローの言葉と自己管理に学ぶべきだ。

なかでもオフシーズンの菅野の報道写真を見ると、相変わらずブクブク太っていた。2020年に完全復活してメジャーをめざすなら、本気で減量に取り組まなければならない。

あとがきにかえて　プロ野球の開幕延期を機に、ＣＳは撤廃しろ

２０２０年２月、日本がクルーズ船で起きた新型コロナウイルス集団感染の対応に追われていたころ、アメリカのトランプ大統領は「春にもウイルスは消える」と楽観していた。ところが、中国や日本での流行を対岸の火事のように見ていた剛腕大統領も、感染がアメリカ全土に広がると「これはウイルスとの戦争だ。私は戦時大統領だ！」と叫んで対策に追われた。

初めは事態を過小評価していたＷＨＯ（世界保健機関）があわててパンデミックを宣言してからは、スポーツ界は大会や公式戦の開幕を中止や無期延期とし、ついにＩＯＣ（国際オリンピック委員会）も２０２０年７月から予定されていた東京オリンピックの１年延期を決断した。

野球界もＭＬＢとＮＰＢ（日本野球機構）が開幕を大幅に延期した。なかでも日本

は東京オリンピックの影響で変則日程を組んでいただけに、開幕延期による日程調整に苦労した。斉藤惇《あつし》コミッショナーは交流戦の中止やレギュラーシーズンの短縮を決定したが、私はこの際、真っ先に決断すべきはＣＳ制度の廃止だと思う。

日本のプロ野球がＣＳ制度を導入したのは２００７（平成19）年だった。その主な理由は、リーグ優勝決定後の消化試合で激減する観客動員対策と、ポストシーズンの収益増だ。

あらためていうまでもなく、このＣＳは米大リーグが１９９５年から始めた「ディビジョンシリーズ（地区シリーズ）」と「リーグチャンピオンシップシリーズ（リーグ優勝決定シリーズ）」のまねである。

大リーグはこのポストシーズン導入で、シーズン終盤の観客動員数と莫大なテレビ放映権料の拡大に成功した。

しかし、両リーグ計6地区30チームに肥大したメジャーには、金もうけだけではない事情があった。地区優勝の３チームと敗者復活のワイルドカードゲームの勝利チームで、各リーグの優勝を決めなければならないのだ。つまり大リーグにとってポストシーズンは、一石二鳥の妙案だったわけだ。

しかし、1リーグに6チームしかない日本が、上位3チームで敗者復活戦をしてどうするのか。2位以下のチームには敗者復活・下剋上の希望が残るが、1年かけてやっと優勝したチームが、2段階の短期決戦に負ければ日本シリーズに進めないのは間違っている。

ＣＳ制度は、2位と3位のチームに敗者復活のチャンスを与える代わりに、本来のリーグ代表チームから日本シリーズに出場する権利と日本一になる名誉を奪った。もちろんＣＳにも、消化試合による観客減をカバーできるというメリットはある。またリーグ優勝が決まったあとも、「他のチームがＣＳをめざしていい試合をする」という性善説もあるだろう。

しかし私にいわせれば話は逆だ。従来のペナントレースでは、リーグ優勝の可能性がある上位チームは最後の試合まで死力を尽くす。だがＣＳ制度では当確の2位、3位チームはとたんに手を抜き、その後のＣＳや日本シリーズ対策に走る。

私が西武の監督になった１９８２（昭和57）年、パ・リーグは２シーズン制最後の年だった。

私たちは前半戦をトップで折り返したが、後半戦が絶望的になってからは、目の前の公式戦より後期優勝の日本ハムとのプレーオフの準備に力を入れた。江夏豊の項で詳しく書いたように、日ハムのリリーフエース・江夏の攻略にチーム一丸で取り組んだのだ。

その結果、後半戦は３位に終わったが、プレーオフでは江夏の日ハムを破って日本シリーズに進み、中日を下して優勝した。私にとってはこれでセ・パ両リーグでの日本一となった。

この体験からもわかるように、プレーオフに進出が決まったチームは気が緩んで事実上の消化試合が多くなる。

また、ＣＳのもう一つのメリットであるテレビ放映権料や入場料などによる増収も、日本とメジャーリーグではケタが違う。

たしかにトランプ大統領がいうように、新型コロナウイルスとの戦いは姿の見えない敵との戦争だろう。プロ野球界は慌てふためくのではなく、この機会にCSを廃止して、「ペナントレースに勝ったチームが日本シリーズを戦う」という本来の姿に戻すべきだ。

〈著者プロフィール〉

広岡達朗(ひろおか・たつろう)

1932年、広島県呉市生まれ。早稲田大学教育学部卒業。学生野球全盛時代に早大の名ショートとして活躍。54年、巨人に入団。1年目から正遊撃手を務め、打率.314で新人王とベストナインに輝いた。引退後は評論家活動を経て、広島とヤクルトでコーチを務めた。監督としてヤクルトと西武で日本シリーズに優勝し、セ・パ両リーグで日本一を達成。指導者としての手腕が高く評価された。92年、野球殿堂入り。『動じない。』(王貞治氏・藤平信一氏との共著)、『巨人への遺言』『中村天風　悲運に心悩ますな』『日本野球よ、それは間違っている！』『言わなきゃいけないプロ野球の大問題』(すべて幻冬舎)など著書多数。

プロ野球激闘史

2020年5月25日　第1刷発行

著　者　広岡達朗
発行人　見城 徹
編集人　福島広司
編集者　小林駿介

発行所　株式会社 幻冬舎
〒151-0051 東京都渋谷区千駄ヶ谷4-9-7

電話　03(5411)6211(編集)
03(5411)6222(営業)
振替　00120-8-767643

印刷・製本所　中央精版印刷株式会社

検印廃止

ISBN978-4-344-03621-5　C0095
幻冬舎ホームページアドレス　https://www.gentosha.co.jp/

この本に関するご意見・ご感想をメールでお寄せいただく場合は、
comment@gentosha.co.jpまで。